Lisa Heschel

Deep Breath: Die neue Achtsamkeit einer beschleunigten Gesellschaft

Springer

Lisa Heschel
Berlin, Deutschland

OnlinePlus Material zu diesem Buch finden Sie auf
http://www.springer.com/978-3-658-20980-3

BestMasters
ISBN 978-3-658-20979-7 ISBN 978-3-658-20980-3 (eBook)
https://doi.org/10.1007/978-3-658-20980-3

Die Deutsche Nationalbibliothek verzeichnet diese Publikation in der Deutschen Nationalbibliografie; detaillierte bibliografische Daten sind im Internet über http://dnb.d-nb.de abrufbar.

Springer ist ein Imprint der eingetragenen Gesellschaft
Springer Fachmedien Wiesbaden GmbH und ist Teil von Springer Nature
Die Anschrift der Gesellschaft ist: Abraham-Lincoln-Str. 46, 65189 Wiesbaden, Germany

Inhaltsverzeichnis

1 Einleitung

Na los! Mach schon!

Die Zeit sitzt uns im Nacken. Trotz zunehmenden Zeitgewinns durch technische Neuerungen, kommt es uns vor, als würde die Zeit immer knapper werden: „Wir haben keine Zeit, obwohl wir sie im Überfluss gewinnen" (Rosa 2014: 11). Jeder zweite Deutsche gibt an unter starkem Stress zu leiden (vgl. Techniker Krankenkasse 2016) – Depressionen und Burn-Out werden gar als Leitkrankheiten des 21. Jahrhunderts deklariert (Ehrenberg 2006, 2011; Han 2016: 19).

Vor diesem Hintergrund gerät die „Achtsamkeit" in den Fokus, eine ca. 2.500 Jahre alte buddhistische Praxis, bei der die Gegenwart wieder verstärkt Beachtung erfährt. Durch Beobachten augenblicklicher Erfahrungen schaffe man es – gemäß dieser Philosophie – sich weniger in den eigenen (teils negativen oder von Stress geprägten) Gedanken zu verstricken. Maßgeblich verantwortlich für die starke Popularität der Achtsamkeit im Westen ist Jon Kabat-Zinn, der als therapeutischen Ansatz MBSR (engl.: Mindfulness-Based Stress Reduction), das Programm zur achtsamkeitsbasierten Stressreduktion in den USA etablierte. Die steigende Zahl der Yoga Studios, von Meditationsprodukten und die Renaissance der Handarbeit in den letzten Jahren finden auch in Deutschland großen Anklang. Der deutsche Zukunftsforscher Matthias Horx (2016) ruft bereits die „Ära der Achtsamkeit" aus, die *FAZ* (2015) spricht gar von einer „Wunderwaffe".

Dies sind jedoch nur Aspekte der Achtsamkeit, eine Systematisierung des Phänomens fehlt bisher. Das war der Anlass mich mit der Thematik „Achtsamkeit in der beschleunigten Gesellschaft" in Deutschland intensiv auseinanderzusetzen. Zwar häufen sich seit dem Jahr 2000 – wie aus dem Nichts heraus – die wissenschaftlichen Publikationen über die Achtsamkeit (vgl. AMRA 2016), doch fehlt nach wie vor eine Antwort darauf, wie und warum ein so altes buddhistisches Konzept gerade heute in der westlichen Welt in der Öffentlichkeit thematisiert wird.

Ziel dieser Arbeit soll daher eine fundierte Analyse und Systematisierung des Themas Achtsamkeit als Trend-Phänomen sein. Die Forschungsfrage „Wie wird Achtsamkeit

L. Heschel, *Deep Breath: Die neue Achtsamkeit einer beschleunigten Gesellschaft*, BestMasters, https://doi.org/10.1007/978-3-658-20980-3_1

in der Öffentlichkeit thematisiert?", wird anhand des Trendverständnisses von Franz Liebl untersucht. Er plädiert dafür einen Trend umfangreich zu diagnostizieren, statt zu prognostizieren (vgl. Liebl 2000: 61). Für diese Diagnose sollen durch Literaturrecherche, Beobachtungen und drei Experten-Interviews Hypothesen aufgestellt werden, welche im Anschluss mithilfe von zehn weiteren Interviews, mit Personen, die regelmäßig Achtsamkeit praktizieren, überprüft und geschärft werden.

In der folgenden Arbeit wird zunächst auf den momentanen gesellschaftlichen Hintergrund der Achtsamkeit in Deutschland eingegangen. Meine These ist hierbei, dass das Empfinden der Beschleunigung im Lebensumfeld dazu führt, dass Menschen heute Praktiken, wie die Achtsamkeit für sich entdecken (Kapitel 2). Im Anschluss findet eine Einführung in die Thematik der Achtsamkeit statt und anhand von Beispielen wird aufgezeigt, wie das Konzept innerhalb der letzten Jahre an Popularität gewinnt (Kapitel 3). Das vierte Kapitel widmet sich dem Feld der Trendforschung. Es wird dargelegt, wie ein „Trend" in der folgenden Arbeit verstanden wird und welche Aspekte für die Analyse des Achtsamkeitstrends relevant sind. Basierend darauf, dass der Trendforschung ein einheitlicher Methodenbestand fehlt, wird im fünften Kapitel daher ein eigenes Forschungsdesign für die Analyse des Achtsamkeitstrends vorgeschlagen und die Experten, die für die Untersuchung gewonnen werden konnten, vorgestellt.

Das Zentrum dieser Arbeit bildet das sechste Kapitel. In wiederum sechs Unterkapiteln, wird hier die Forschungsfrage vor unterschiedlichen Hintergründen thematisiert. Im ersten Teil wird zunächst der ursprünglich buddhistische Kontext der Achtsamkeit mit dem heutigen westlichen Verständnis verglichen. Das Kapitel wird mit einer eigenen Arbeitsdefinition des Achtsamkeitsbegriffs abgeschlossen, welches dem leichteren Verständnis der weiteren Forschung dient (Kapitel 6.1). Das anschließende Kapitel 6.2 beschäftigt sich mit dem gesellschaftlichen Hintergrund und einzelnen Motiven der Praktizierenden der Achtsamkeit. Die im zweiten Kapitel aufgestellte Vermutung, das Praktizieren der Achtsamkeit habe etwas mit der Beschleunigung der gesellschaftlichen Verhältnisse zu tun, wird hier überprüft und anschließend ein Modell erstellt, welches die unterschiedlichen Motive der zehn befragten Praktizierenden zusammenfasst. Gemäß Liebl (2000: 63) muss ein Trend etwas Neues aufweisen, damit es sich überhaupt um einen Trend handelt. Neu ist etwas nach Kunsthistoriker Boris Groys (1992) dann, wenn Altbekanntes in einen anderen Kontext überführt wird. Mithilfe der Experten wird daher in Kapitel 6.3.1 zunächst eine Annahme darüber getroffen, was das Neue, das Faszinierende an der Achtsamkeit ist. Anschließend sollen diese Aspekte mit den Aussagen der Praktizierenden überprüft, in einem Modell zusammengefasst (Kapitel 6.3.2) und bewertet werden (Kapitel 6.3.3). Da gesellschaftlicher Wandel ganze Branchen verändern kann (vgl. Liebl 2000: 8), beschäftigt sich das Kapitel 6.4 mit den Auswirkungen der Achtsamkeit auf die Praktizierenden und deren Umfeld. Diese Analyse orientiert sich an den „Sinn Dimensionen" von Niklas Luhmann (1969). Das Kapitel 6.5 dient dazu, eine Einschätzung zur Verbreitung des Trends der Achtsamkeit zu geben. Für diese Einordnung in eine „Lebenszyklusphase" wird das Modell von Ryan Mathews und Watts Wacker (2003) angewandt. Das sechste Kapitel wird mit einer „Trendlandschaft" abgeschlossen (Kapitel 6.6). Sie wird konzipiert, um die Verknüpfungen der verschiedenen Motive und Kontexte abschließend sichtbar zu machen, damit zukünftige Schwierigkeiten aufgezeigt und auch Potenziale dargelegt werden können.

Im siebten Kapitel findet eine kritische Auseinandersetzung mit der Achtsamkeit und ihrem Trendcharakter statt. Abschließend sollen im achten Kapitel die Forschungsergebnisse noch einmal zusammengetragen und beurteilt werden, bevor im neunten Kapitel ein Ausblick auf zukünftige interessante Forschungsfragen zum Thema „Achtsamkeit in der Öffentlichkeit" gegeben wird.

Parallel zu diesem Aufbau lassen sich in den Exkursen zusätzliche Informationen zu dieser Arbeit finden. Der Exkurs über die Experten stellt dar, warum gerade jene Experten für die Thematik interessant erschienen und der Exkurs über die Praktizierenden verdeutlicht, wie unterschiedlich die befragten Personen sind und auf welche verschiedenen Arten sie die Achtsamkeit für sich entdeckten. Meine persönlichen Erfahrungen während der Beobachtungen in zwei buddhistischen Zentren finden auch Eingang in einem weiteren Exkurs. Zum Abschluss werden im Exkurs „Achtsamkeit in der Zukunft" mithilfe der Aussagen aus den Interviews mit den Experten und Praktizierenden, Szenarien zukünftiger Entwicklungen des Trends beschrieben, wobei diese jedoch eher spielerisch statt prognostisch zu verstehen sind.

2 Hintergrund

In seinem neusten Buch schreibt Byung-Chul Han: „Wir haben scheinbar alles. Uns fehlt aber das Wesentliche, nämlich die Welt“ (Han 2016: 104). Hartmut Rosa (2016 a: 306) greift den von Marx geprägten Begriff der „Entfremdung“ auf und ist der Meinung, das Individuum sei heute auf Grund der starken Beschleunigung vermehrt der Welt gegenüber gleichgültig oder sogar feindlich eingestellt. Für Alain Ehrenberg (2006; 2012) haben die Überforderungserscheinungen in unserer Gesellschaft ein bisher nicht da gewesenes Ausmaß erreicht – die Depression wird zur Volkskrankheit. Tatsächlich wird nach einer Prognose der Welt-Gesundheits-Organisation (WHO) zufolge die Depression bis zum Jahr 2020 in den industrialisierten Ländern die weltweit führende Krankheitsursache neben den Herz-Kreislauf-Erkrankungen sein (vgl. Bundesministerium für Gesundheit 2016).

Ob es nun schwergreifende Krankheiten sind, das Empfinden von Dauer-Stress oder die Suche nach dem Glück oder Sinn: ein gewisses „Unbehagen“ in der Bevölkerung ist spürbar. So widmet sich etwa jedes zehnte in Deutschland verkaufte Buch der Sinn-Suche, der Lebenshilfe, dem Weg zum Glück oder der Esoterik (vgl. Laudenbach 2012). Auf das Stichwort „Glück“ in der Büchersuche bei *Amazon*, werden mehr als 35.000 Ergebnisse angezeigt (Stand: Januar 2017). Dabei befindet sich einer Studie der *Boston Consulting Group* zufolge Deutschland – nach Norwegen, den Niederlanden und Finnland – auf Platz vier der „Wohlfühlländer“ im Jahr 2016 (vgl. BCG 2016).[1] Was also führte zu dieser „Entfremdung mit der Welt“ und wie könnte eine Antwort lauten?

Gemäß dem Soziologen Zygmunt Bauman (2008: 7) befinden wir uns in einem Übergang von der „festen“ zur „flüchtigen“ Moderne. In diesem Zustand behalten soziale Formen, wie Strukturen, Institutionen und allgemein akzeptierte Verhaltensmuster ihre Gestalt nur für kurze Zeit, „sie zerfallen so schnell, dass sie schon geschmolzen sind, während sie noch geformt werden“ (ebd.). Beschleunigung kann als eine der

---

[1] Der hierfür herangezogene „Wohlergehensindex" hat dafür die Lebensqualität in 163 Ländern anhand eines Kriterienkatalogs, wie Einkommen, wirtschaftliche Stabilität, Arbeitsmarkt, Bildung und Infrastruktur ermessen.

L. Heschel, *Deep Breath: Die neue Achtsamkeit einer beschleunigten Gesellschaft*, BestMasters, https://doi.org/10.1007/978-3-658-20980-3_2

folgenreichsten Erscheinungen des 20. Jahrhunderts gesehen werden (vgl. Blumenberg 1986; Elias 1988; Geißler 1999; Rosa 2014). Die Prognose „man könne durch technische Hilfsmittel Zeit sparen“, scheint nicht in Erfüllung zu gehen. Christoph Wulf und Dietmar Kamper wiesen 1987 auf genau jenes Paradoxon hin. Sie erklären in ihrer Analyse „Die Zeit die bleibt“, dass sich das Empfinden zu wenig Zeit zu haben trotz beschleunigter Abläufe historisch kontinuierlich verschärft habe (vgl. Wulf und Kamper 1987: 7 ff.). Einschlägig hierzu sind heute die Studien von Hartmut Rosa, der das Paradoxon aufgreift und die soziale Beschleunigung in die drei sich selbst antreibenden Elemente unterteilt: technische Beschleunigung, Beschleunigung des sozialen Wandels und Beschleunigung des Lebenstempos (vgl. Rosa 2014: 124-138).

Die **technische Beschleunigung** führte dazu, dass innerhalb von etwas mehr als einem Jahrhundert im Transportwesen die Fußreise durch das Flugzeug ersetzt, in der Kommunikation Nachrichten statt über einen Boten via E-Mail und SMS verschickt- und Güter in großen Chargen automatisiert, anstatt in kleinen Manufakturen produziert werden. Diese rasanten Veränderungen wirken sich auf das Individuum aus und verlangen von ihm Anpassungen. So verändert sich sein Verhältnis zum Raum, zu den Menschen und zu den Dingen. Räume werden gemäß Rosa mental kleiner, umso schneller sie durchquert werden können (vgl. Rosa 2014: 125 f.), Freunde werden durch Soziale Netzwerke gewonnen, doch jedem einzelnen wird weniger Zeit gewidmet und statt wenige Produkte zu kaufen, diese aber wert zu schätzen, konsumiert das postmoderne Individuum unzählige, bedeutungslose Güter (ebd.).

Die **Beschleunigung des sozialen Wandels** beschreibt die Veränderung der Art und Weise, wie wir zusammen leben. Wie bereits erwähnt, werden die Halbwertszeiten von Einstellungen und Werten, Moden und Lebensstilen etc. immer kürzer. Die Folge dieser abnehmenden Stabilität von Ist-Zuständen, wird von Philosoph Hermann Lübbe (1998: 263 f.) als Phänomen der „Gegenwartschrumpfung“ bezeichnet. So lag der Struktur- und Kulturwandel in der Vor- und Frühmoderne unterhalb des Tempos des Generationenwechsels („intergenerationales“ Wandlungstempo), d.h. es stand beispielsweise schon mit der Geburt fest, welche Arbeit ein Mensch ausführen sollte (vgl. Rosa 2014: 446). In der „klassischen Moderne“ mussten sich die Menschen durch die technischen Erneuerungen anpassen, sie entwickelten eine Vorstellung von „Zukunft“. Heute übertrifft das Tempo die Geschwindigkeit der Generationenfolge („intragenerationales Wandlungstempo“). Es werden statt dem einen Beruf in der Spätmoderne eine Reihe von Jobs angenommen und die eine Beziehung in einigen Fällen durch eine Folge von Beziehungen mit Lebensabschnittsgefährten ersetzt (ebd.).

Die letzte von Rosa beschriebene Beschleunigungs-Dimension **Beschleunigung des Lebenstempos** drückt die „Steigerung der Zahl an Handlungs- oder Erlebnisepisoden pro Zeiteinheit“ aus (Rosa 2014: 135). Ein gutes Leben in der Moderne sei Rosa zufolge ein Leben, in welchem so viele Optionen wie möglich verwirklicht werden. Um dies zu ermöglichen, hat das Individuum drei Möglichkeiten: die Steigerung der Handlungsgeschwindigkeiten, die Verkürzung / Vermeidung von Pausen oder das Multitasking (vgl. Rosa 2014: 135 f.). Hier wird das Paradoxon deutlich: Trotz Zeitgewinn durch technische Beschleunigung empfinden die Menschen Zeitnot, da sie ein Leben voller Ereignissen anstreben. Dies führt zu der veränderten Zeitwahrnehmung, dem Gefühl, die Zeit fließe immer schneller und werde immer weniger. Die Empfindung von Stress und Zeitnot, aber auch die Getriebenheit und Rastlosigkeit, basierend auf der Angst Dinge zu verpassen und den Zwang sich den Veränderungen anzupassen, sind die Folgen (vgl. Rosa 2014: 13).

Interessant ist nun an Rosas Analyse, dass jene drei beschriebenen, analytisch voneinander unabhängigen Formen der Beschleunigung sich gegenseitig verstärken, einen „Akzelerationszirkel“ bilden (2014: 243-255): Durch die Erfahrung, dass alles immer hektischer und kurzlebiger wird und die Zeit knapp ist, hat das Subjekt das Bedürfnis mithalten zu müssen und erhöht sein Lebenstempo. Um Zeit zu sparen, fragt es schnellere Technik nach. Aufgrund der erhöhten Nachfrage, wird die Produktion angekurbelt, die technische Beschleunigung nimmt zu. Durch technische Erneuerungen, muss das Individuum mithalten, es muss neue Programme lernen, sich anders fortbewegen etc. Dadurch kommt es zu einer Verkürzung der Stabilität von Zeithorizonten; in immer kürzeren Abschnitten verlieren Sicherheiten ihre Geltung. Die Zeit wird als knapp erfahren – womit der Akzelerationszirkel geschlossen wäre (ebd.).

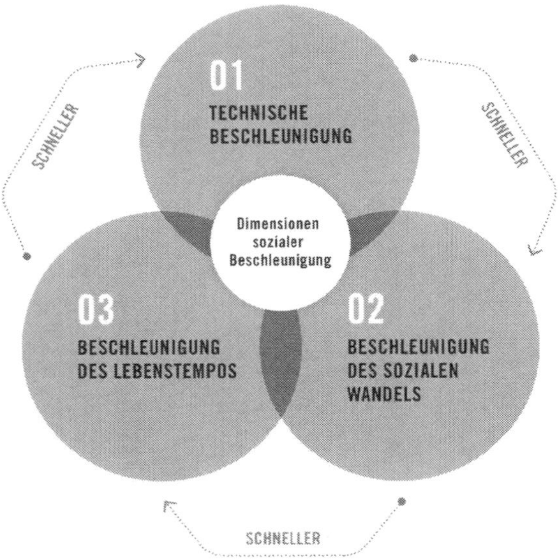

Abb. 1: Der Akzelerationszirkel nach Rosa (2014: 251)

Die Reizüberflutung aus Kommunikation und Überinformation – schreibt Baudrillard Anfang der 90er Jahre – bedroht „die gesamten menschlichen Abwehrkräfte" (1992: 75). 30 Jahre später werden Burnout und Depression schließlich als die Leitkrankheiten des 21. Jahrhunderts deklariert (Ehrenberg 2006, 2011; Han 2016: 19). Wie könnte ein Ausweg aus diesem Leiden aussehen?

Rosa und Han zufolge lässt sich die heutige Zeitkrise weder durch Entschleunigung noch durch Beschleunigung der Prozesse verbessern (vgl. Han 2016: 91; Rosa 2016 a: 13). Will man zu tieferen Schichten des Verstehens vordringen, so muss man erst einmal zur Ruhe kommen (vgl. Han 2016: 32-47). Zur inneren Ruhe kommen ist vielleicht genau das, was sich die Menschen heute wünschen, wenn sie anfangen auf traditionelle Methoden aus Asien, wie Yoga oder die Achtsamkeitsmeditation, zurückzugreifen. Während Yoga schon inflationär praktiziert und allgemein akzeptiert ist, bekommt das Konzept Achtsamkeit erst seit ein paar Jahren öffentliche Aufmerksamkeit. „Achtsamkeit heißt die aktuelle Antwort auf Druck und Burn-out", schreibt der Spiegel in einem Artikel namens „Buddhismus to go" (Brauck 2016).

Diese Arbeit wird sich mit dem Konzept der Achtsamkeit vor dem Hintergrund der heutigen erlebten Beschleunigung in der Lebenswelt der Individuen auseinandersetzen und untersuchen, wie und warum eine sehr alte buddhistische Praxis in der heutigen Gesellschaft thematisiert und etabliert wird. Zunächst wird dafür im nächsten Kapitel eine Einführung in die Philosophie der Achtsamkeit gegeben und anhand unterschiedlicher Beispiele ihre Popularität aufgezeigt.

3 Einführung in die Thematik „Achtsamkeit"

In die Gegenwart einzutauchen und den Moment wahrzunehmen, klang lange Zeit für viele nach einer Beschäftigung für Esoteriker. Heute gewinnt jenes „bewusst im Moment sein" immer mehr Zuspruch und Anhänger aller Gesellschaftsschichten, die sich alle unter dem Begriff „Achtsamkeit" (engl. mindfulness) vereinen. „Augen auf und dabei" statt „Augen zu und durch", heißt es bei der Achtsamkeit. Es folgt einem ca. 2.500 Jahre alten buddhistischen Konzept, das heute in säkularisierter Form, wissenschaftlich fundiert und teilweise bewusst ganz ohne klischeebelastete Aspekte der Esoterik[2] gelehrt und praktiziert wird.

3.1 Was ist „Achtsamkeit"?

Maßgeblich beeinflusst wurde die vom *TIME Magazine* als „Mindful Revolution" (Pickert 2014) oder die vom deutschen Zukunftsforscher Matthias Horx (2016) betitelte „Ära der Achtsamkeit" von dem Molekularbiologen Jon Kabat-Zinn, der in den USA in den 1980er Jahren Patienten mit chronischen Schmerzen, bei denen die Schulmedizin nicht half, das Meditieren beigebracht hat. Da sich schnell große Erfolge erkennen ließen, entwickelte Kabat-Zinn das klinische Programm zur Stressbewältigung durch Achtsamkeit (Mindfulness-Based Stress Reduction, MBSR), ein standardisiertes 8-wöchiges Trainingsprogramm, das mittlerweile auf der ganzen Welt praktiziert wird und in zahlreichen klinischen Studien wissenschaftlich untersucht wurde.

Wie an späterer Stelle detaillierter aufgezeigt wird, gibt es heute unterschiedliche Verständnisse der Praxis der Achtsamkeit. Am häufigsten wird sie jedoch in der Auffassung Kabat-Zinn's (1994: 4) definiert:

„Mindfulness means paying attention in a particular way: on purpose, in the present moment, and non-judgmentally."

---

[2] Aufbauend darauf, dass die Begriffe Esoterik, Spiritualität und Religion stark umstritten und nicht eindeutig definierbar sind (vgl. Baier 2012), wird hier der Begriff Esoterik als Geheimlehre verstanden, zu der hier auch bewusst Klischees, wie die Assoziation zum Kartenlegen, Astrologie, Edelsteinberatung etc. zählen. Spiritualität wird hier jedoch bewusst abgegrenzt von dem Begriff Esoterik; sie soll im weitesten Sinne auf die Geistigkeit bezogene Aktivität verstanden werden, die innerhalb von Religionsgemeinschaften praktiziert werden kann, aber nicht muss.

L. Heschel, *Deep Breath: Die neue Achtsamkeit einer beschleunigten Gesellschaft*, BestMasters, https://doi.org/10.1007/978-3-658-20980-3_3

Es geht im Wesentlichen darum, aufkommende Gedanken und Gefühle absichtlich zu betrachten, anstatt sie – wie tatsächlich die meiste Zeit – zu ignorieren, zu bewerten oder zu analysieren. Diese Methode hilft nach Kabat-Zinn (2012) ironischerweise genau dabei, sich weniger in den eigenen Gedanken zu verstricken. Durch die Beobachterhaltung gelinge es einen gewissen Abstand zu den eigenen Gedanken zu gewinnen, was dazu führe, dass man leichter erkennen könne, was sich im Geist abspiele. Auf diese Weise, so Kabat-Zinn könne man erkennen, wie ein Gedanke nach dem anderen entstehe und man erführe, welche Gedanken welche Reaktionen auslösen. Mithilfe der Achtsamkeit soll erreicht werden können, mehr gewahr, mehr im gegenwärtigen Augenblick mit dem Leben verbunden zu sein, unabhängig davon, was gerade im Körper und Geist geschieht (ebd.).

Die Achtsamkeit wird auf zwei Arten geübt:

1. Während der **formellen Meditation**, werden spezifische Methoden angewendet (wie z.B. der Body-Scan, die Sitzmeditation, verschiedene Positionen aus dem Hatha Yoga), die dabei helfen, über eine Zeitspanne hinweg wach und achtsam im Augenblick zu sein.

2. In der **formlosen Praxis** geht es darum, sich während alltäglicher Aktivitäten daran zu erinnern, gegenwärtig zu sein, d.h. man kontrolliert sich selbst, ob man tatsächlich achtsam ist.

Die Zeit und Energie, die in der formellen Meditation verbracht wird, helfe und stärke die Fähigkeit im Alltag achtsam zu sein. Theoretisch klingt es zwar leicht, während des Tages achtsam zu sein, doch in der Realität tendieren die meisten Menschen dazu, einen großen Teil ihres Lebens gewohnheitsmäßig, gedankenlos und automatisiert zu handeln (ebd.)

3.2 Achtsamkeit in der Forschung

Die ersten Publikationen zur Meditationsforschung wurden in den 1960er Jahren veröffentlicht, doch erst seit dem Jahr 2000 kann von einem bis heute andauernden Boom in der insgesamt noch relativ kurzen Geschichte der Meditationsforschung gesprochen werden (vgl. Ott 2010: 153). Die Untersuchung speziell der Achtsamkeit erfährt erst seit dem Jahr 2000 überhaupt Beachtung in der Forschung – seitdem hat sie jedoch an extremer Popularität gewonnen (Publikationen 1996: 3; Publikationen 2016: 667, vgl. AMRA 2016). Einen entscheidenden Impuls dafür, dass heute Meditation aus dem Kreis der Esoterik und Religion heraus hin zu einem wissenschaftlich fundierten „Mentalen Training“ (Barinaga 2003) interpretiert wird, sieht Ulrich Ott (2010: 154) in der Zusammenarbeit des Dalai Lamas mit führenden westlichen Hirnforschern. Bei einem von dem *Mind and Life Institute* organisierten Zusammentreffen zwischen Wissenschaftlern und dem Dalai Lama entstand im Jahr 2000 die Idee eines Forschungsprogramms, das die Auswirkungen der Meditation untersucht – ein neues Forschungsgebiet namens „kontemplative Neurowissenschaften“ entstand (Ricard 2010).

In der ersten Studie wurden zwanzig erfahrene Meditierende mit min. 10.000 Stunden Meditationsübung getestet. Es konnte mithilfe eines Magnetresonanztomographen (MRT) nachgewiesen werden, dass erfahrene Meditierende die Fähigkeit haben, geistige Zustände hervorzurufen, die präzise, fokussiert, stark und anhaltend sind. Die Experimente wiesen außerdem bei jenen Probanden mit Meditationserfahrung in der Region des Gehirns, die mit Emotionen, wie etwa dem Mitgefühl in Verbindung steht, eine erheblich höhere Aktivität auf (vgl. Ricard 2010). Andere Forschungsergebnisse, wie die von Britta Hölzel und ihrer Gruppe (2011) zeigen, dass auch schon nach kurzer Meditationspraxis – wie z.B. einem achtwöchigen Training mit täglich 45min. Meditation – eine signifikante Verdichtung der grauen Substanz im Hippocampus festzustellen ist, welche umgekehrt bei Dauerstress durch einen hohen Cortisolspiegel im Blut geschädigt werden kann.

Während vor noch 20 Jahren nahezu alle Neurowissenschaftler festen Glaubens waren, das Gehirn enthielte alle Neuronen bei der Geburt und deren Anzahl ließe sich nicht verändern, weiß man heute, dass sich ein ganzes Leben lang neue Neuronen bilden. Das Gehirn ist fähig sich unter dem Einfluss von Erfahrungen unablässig zu entwickeln, man spricht hier von ‚Neuroplastizität'. Das bedeutet, dass Veränderungen im neuronalen System des Gehirns festgestellt werden können, wenn regelmäßig neue Handlung ausgeführt oder eine neue Fähigkeit, wie eine neue Sportart, ein Instrument etc. eingeübt wird. Für das Verständnis der Wirkungen von Meditation ist diese Erkenntnis grundlegend. Die ersten Studien weisen u.a. darauf hin, dass das Gehirn durch regelmäßiges Meditieren langsamer altert. So sollen nach Luders et. al. (2016) erfahrene Meditierende im Alter von 50 Jahren ein im Durchschnitt 7,5 Jahre jüngeres Gehirn haben, als Testpersonen ohne Meditationserfahrung.

3.3 Achtsamkeit gewinnt Aufmerksamkeit

Die in den Neurowissenschaften entstandenen Erkenntnisse, beeinflussen in den letzten Jahren unterschiedliche Disziplinen und Institutionen. Innerhalb der Psychotherapie wird von einer „dritten Welle", nach der lerntheoretischen und der kognitiven Phase, der Verhaltenstherapie gesprochen (Heidenreich und Michalak 2013). In beruflichen Kontexten zeigen viele Studien positive Korrelationen zwischen Achtsamkeit und Konzentrationsfähigkeit (Sedlmeier et al. 2012), Kreativität (Lebuda et al. 2016) und Arbeitszufriedenheit (Hülsheger et al. 2013), sodass große Firmen, wie *Google*, *SAP*, *Bosch* oder *RWE* ihren Mitarbeitern Achtsamkeitstrainings anbieten.

Während das Thema Achtsamkeit in Deutschland noch eher im Hintergrund auftaucht, verankern Länder wie UK und USA das Thema bereits in öffentlichen Institutionen. In UK werden seit 2007 Schulpädagogen öffentlicher Schulen in Techniken der Achtsamkeit geschult, um Stress bei Schülern und Lehrern zu reduzieren (vgl. Mindful Schools). Vier Jahre später trainierte die *Mindfulness Initiative* über hundert britische Parlamentarier in Achtsamkeitstechniken, woraufhin eine erste Reihe von politischen Empfehlungen veröffentlicht wurde, die dazu auffordern, Achtsamkeitstechniken in den Bereichen Gesundheit, Bildung, Gefängnissen und Wirtschaft stärker zu fördern (vgl. The Mindfulness Initiative 2015).

Dass Achtsamkeit oder mindfulness gerade „hip" wird, lässt ein Blick in die USA vermuten. Denn hier treffen sich bereits Gruppen an öffentlichen Orten, wie in dem Oculos des World Trade Centers, dem Times Square oder einfach in Parks zum Meditieren. Auch moderne, sehr cleane Meditationszentren, die keinerlei „esoterischen Touch" verkörpern (vgl. z.B. *MNDFL* und *inscape* in New York City, *unplugmeditation* in Los Angeles), finden mehr und mehr Anklang.

Doch schaut man genauer hin, ist der Trend Achtsamkeit auch schon in Deutschland angekommen. Das lässt sich z.B. daran erkennen, dass immer mehr Menschen Achtsamkeit googeln – im Januar 2017 erfährt der Begriff in Deutschland die bislang höchste Nachfrage:

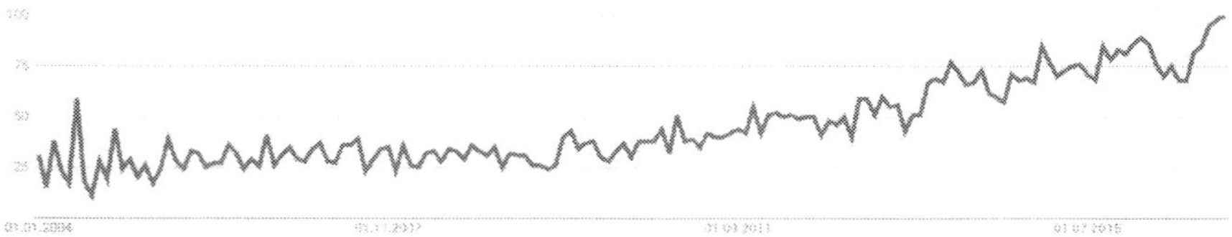

Abb. 2: Suchinteresse für den Begriff „Achtsamkeit" bei Google im zeitlichen Verlauf (vgl. Google Trends 2017)

Diese Nachfrage spiegelt sich auch auf dem Zeitschriftenmarkt wider, für den die Zeitschrift *happinez – das mindstyle magazine* (Heinrich Bauer Verlag) 2010 den Startschuss gegeben hat. Eine Welle an Magazinen folgten:

- *Flow: das Magazin für Achtsamkeit, Inspiration, Zeitgeist und Paperlovers (Gruner + Jahr, 2013)*
- *emotion slow: Mehr Zeit für's Wesentliche (Emotion Verlag, 2014)*
- *Auszeit: Natürlich. Gesund. Leben. (Auerbach Verlag, 2015)*
- *ma vie: die Kunst sich Zeit zu nehmen (Burda Verlag, 2015)*
- *WOLF – das Männermagazin für's Wesentliche (Gruner + Jahr, 2016)*
- *moment by moment – lebendig. achtsam. sein. (Concadora Verlag, 2016)*
- *ooom (Prima Vista Life, 2016)*
- *Project Calm: Mindfulness through making (OZ Verlag, 2016)*

Große Zeitschriften greifen das Thema Achtsamkeit als Coverstories oder gar als Sonderausgaben auf:

Doch nicht nur da, wo Achtsamkeit prominent beworben wird, lässt sich der Trend erkennen. In angesagten Magazinläden, wie im *do you read me?* in Berlin Mitte liegen unzählige, pastellfarbene Zeitschriften aus, welche dieselben Themen wie die Mainstreammagazine behandeln.

Es geht u.a. um das einfache Leben, um die Handarbeit, das Leben auf dem Land, das Aussteigen, kleine Manufakturen, das analoge Erleben. Mit Magazinen, wie *Oak* (dt. Eiche), *Cereal* (dt. Getreide) oder *Another Escape* (dt. eine weitere Flucht) wecken sie die Sehnsucht der Großstädter nach frischer Luft und grünem Gras. Der einstige Blog *ARCHIV/E* erscheint nun als Magazin, mit der Begründung „die stetig wachsende Datenmasse im Internet" lieber konservieren und wieder haptisch erlebbar machen zu wollen (vgl. Startnext 2015). Mit *OBSCURA* geht es darum alle Sinne im Alltag wahrzunehmen: „Smell. See. Touch. Hear. Taste. Cultivating the art of daily life.", (vgl. *Obscura*) und auch die Zeitschrift *Clay* (dt. Ton) wird hier verkauft, da Töpfern und Keramik laut *do you read me?* (2017) eine „Marktrenaissance" widerfährt, da die Menschen des 21. Jahrhunderts den Drang nach Langsamkeit und Authentizität verspüren.

Neben Zeitschriften entsteht ein neuer Markt im Bereich Meditation via Apps. Hier ist *Headspace*, mit mehr als 11 Millionen Downloads und einem geschätzten jährlichen Umsatz von $250 Millionen die weltweit beliebteste Meditations-App (vgl. Chaykowski 2017). Sein Gründer, Andy Puddicombe, ein ehemaliger buddhistischer Mönch aus England, wird als „mindfulness guru" angesehen, der laut *The New Yorker* Meditation massenkompatibel gemacht hat (Widdicombe 2015). Raus aus der Esoterik hat auch das deutsche Team von PR-Unternehmer Peter Kohtes, Jonas Leve und Manuel Ronnefeldt die Achtsamkeit mit einem schlichten Design geholt. Seit 2014 ist die App *7mind* auf dem Markt, die mit ca. 400.000 Downloads die in Deutschland meist verwendete Meditations-App ist.

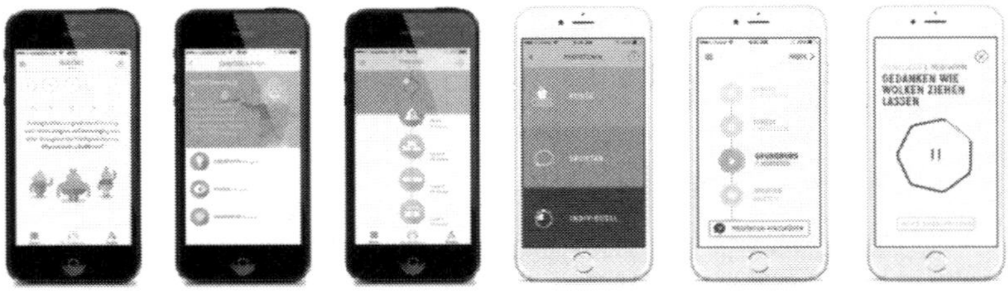

Abb. 3: Screenshots der englischsprachigen Meditations-App *Headspace* (links) und dem deutschen Pendant *7mind* (rechts)

In dem Bereich Werbung ist das Thema Achtsamkeit zwar noch nicht als Begriff aufgenommen worden, wohl aber wird auf die Empfindungen der Entfremdung, Überforderung und Beschleunigung unserer Zeit eingegangen.

So greift *Hornbach* das Gefühl der Entfremdung auf und ruft pünktlich zur Gartensaison die Büroangestellten mit dem Slogan „Du lebst. Erinnerst Du Dich?“ in den Matsch. Die Kampagne, welche wichtige Preise der Werbebranche gewann, traf anscheinend 2016 den Zeitgeist: Entfremdung, Sehnsucht nach Wahrhaftigkeit, Sinnsuche. Im Moment leben, alle Sinne spüren, bewusst die Zeit gestalten: all das verkörpert die Kampagne, die dafür das Wort Achtsamkeit nicht braucht.

Aldi befasst sich mit der Überforderung und wirbt in der aktuellen Kampagne mit dem Slogan „einfach ist mehr“. Jeannette Thull, Geschäftsführerin im Zentraleinkauf bei *Aldi Süd* erklärt: „Bei Aldi konzentrieren wir uns auf das Wesentliche, lassen das Unnötige weg und erzielen so eine Entlastung – und schaffen neue Freiräume. Einfachheit ist der Luxus unserer Zeit.“, (Bassu 2016). Im Jahr 2016 scheint das Wort

„einfach“ Anklang in der Werbung zu finden: „Einfach alles. Einfach mieten.“ (*Otto Now*), „Einfach fragen.“ (*Amazon Echo*), „Mach’s einfach!“ (*Telekom You and me*) „Einfach. Schön. Groß.“ (*Apple iOS 10*) oder wie es die *Sparkasse* vorführt, ist anscheinend alles einfach: „Alter ist einfach“, „Lächeln ist einfach“, „Morgen ist einfach“ oder auch „Gönn Dir ist einfach“.

Auf die empfundene Beschleunigung antwortet *Pepsi* im Jahr 2012 mit dem Slogan „Live for Now“, lebe für’s Jetzt, statt mit den Gedanken schon beim Nächsten zu sein. Bewusst den Moment wahrnehmen, heißt es in der Achtsamkeit. *Pepsi* folgen 2016 *Calvin Klein* mit „Life in the now“, das Leben im Jetzt und *Moët* mit der Kampagne „NOW“, die das Jetzt mit allen Sinnen zelebrieren:

„THE NOW is here to open. To explore. To conquer. To taste. To embrace. To share. To feel. To live.“

Abb. 4: Verschiedene Kampagnen rund um die Thematik der Achtsamkeit

3.4 Zusammenfassung

Achtsamkeit wird zunächst als eine Aufmerksamkeit verstanden, die bewusst und mit Absicht auf das aktuelle Erleben gerichtet wird ohne dieses zu bewerten (vgl. Kabat-Zinn 2012). Das Verständnis der Achtsamkeit ist heute maßgeblich durch Kabat-Zinn in der westlichen Welt geprägt; populär wurde die buddhistische Tradition besonders durch die neuen Erkenntnisse der Neurowissenschaften, die dazu führen, dass Institutionen das Konzept aufgreifen und die Nachfrage nach Angeboten und Veranstaltungen in der Bevölkerung steigt.

Im Folgenden soll der Trend der Achtsamkeit in Deutschland jedoch noch fundierter untersucht werden, weshalb zunächst erläutert wird, wie der Begriff „Trend“ und die „Trendforschung“ in der folgenden Arbeit zu verstehen ist.

4 Über die Trendforschung

Es klingt einfach: Trendforschung ist jene Forschung, die Trends zum Gegenstand hat. Bei näherer Betrachtung stellt sich allerdings heraus, dass weder der Begriff „Trend“ eindeutig definiert ist, noch die (Selbst-) Benennung der Unternehmung als „Forschung“ unumstritten ist (vgl. Pfadenhauer 2004: 3). Als Trendforschung definiert Michaela Pfadenhauer (2004: 3) „all diejenigen Aktivitäten, die auf die (Früh-) Erkennung, Benennung und Bewertung sozialer und kultureller Entwicklungen bzw. Veränderungen abzielen“, wobei sich diese unter zeitlicher Ausdehnung und räumlichen Reichweiten unterscheiden können. Für jene (Früh-) Erkennung des sozialen Wandels ist es nach Ansoff (1976) wichtig auf sogenannte „weak signals“ (dt. schwache Signale) zu achten. Hierbei handelt es sich um vage und nicht zusammenhängende Informationen, die bislang nicht auffällig waren, doch je nach Kontext oder durch die Verbindung zu anderen Informationen ein größeres Muster erkennen lassen. Ein „weak signal“ wird von Peter Schoemaker und George Day (2009: 86) folgendermaßen definiert:

„[A weak signal is] a seemingly random or disconnected piece of information that at first appears to be background noise but can be recognized as part of significant pattern by viewing it through a different frame or connecting it with other pieces of information.“

Auch wenn Ansoff mit diesem Begriff die strategische Früherkennung in Unternehmungen prägte, lässt sich der Bezug zur Trendforschung erkennen. Denn Trendforschung versteht sich als ein solches System, das schwache Signale erkennt und im Umkehrschluss sind Trends in ihrer Entstehungsphase nichts anderes als schwache Signale.

Auffällig bei den Publikationen über Trendforschung ist, dass es sich hierbei meist um Kritik über Trendforschung handelt (vgl. Pfadenhauer 2004: 6). Diese Kritik kommt maßgeblich aus zwei Richtungen: Während die Sozialwissenschaften – insbesondere durch Holger Rust – die Wissenschaftlichkeit von Trendforschung in Frage stellt, wird Seitens der Wirtschaftswissenschaften – durch Franz Liebl – am Innovationspotential von Trendforschung gezweifelt (vgl. ebd.). Rusts vermehrt geäußerte

L. Heschel, *Deep Breath: Die neue Achtsamkeit einer beschleunigten Gesellschaft*, BestMasters, https://doi.org/10.1007/978-3-658-20980-3_4

Bedenken (vgl. Rust 1995; 1996; 1997; 2002; 2008) spiegeln insbesondere drei Kritikpunkte wider: die Trivialität der Weissagungen, die mangelnde Seriosität von Trendforschern und die Skurrilität ihrer Methoden (vgl. Pfadenhauer 2004: 6). So schreibt er beispielsweise:

„Sie ist voluntaristisch und mithin in das Belieben der Interpreten gestellt, die von sich überzeugt sind, die Wahrheit zu sehen. Sie ist das Produkt eines übersteigerten Bewusstseins davon, die richtigen Interpretationen der Welt zu haben. Sie ist ohne nachvollziehbare Methode und beansprucht eine Art von Gefolgschaft. Sie ist ohne empirische Relevanz, weil sie auf individualistischen Perspektiven beruht und allenfalls eine anekdotische Impression zu liefern in der Lage ist." (Rust 2008: 19)

Auch Franz Liebl (2000: 61; 2008: 84) kritisiert, dass einige Trendforscher über die reine Diagnose von einem Trend hinausgehen und vorgeben einen Trend prognostizieren zu können. Die häufig formulierte Frage „Wohin geht der Trend?", ist ihm zufolge falsch gestellt, da sie vorgibt, dass der Inhalt des Trends klar bestimmbar sei und so tut, als gäbe es eine einheitliche, bestimmbare Entwicklungsrichtung und damit Prognostizierbarkeit (vgl. ebd.). Liebl grenzt sich also von der Zukunftsforschung ab, stattdessen plädiert er dafür die Gegenwart besser zu verstehen, den Trend also umfangreich zu diagnostizieren, statt zu prognostizieren (vgl. 2000: 61). Auch die Marktforschung sei ihm zufolge d.h. im Hinblick auf die Generierung neuer Phänomene, als mehr oder minder überholt bzw. überholungsbedürftig: Anstelle eine Bewegung im Typus des immer mehr zu quantifizieren (*„Immer mehr Firmen bieten Achtsamkeitskurse für ihre Mitarbeiter an"*) sollte vielmehr das Neue, das was an dem Trend fasziniert, den Untersuchungsgegenstand bilden (vgl. 2000: 61-65). Wie in einem späteren Kapitel noch umfangreich erläutert, orientiert sich Liebl bei dem Begriff des Neuen hier an der Idee des Kunsttheoretikers Boris Groys (1992), demzufolge das Wesen von Innovation darin bestehe, dass etwas in einen anderen als seinen bislang üblichen Kontext überführt wird. Das Neue besteht also in einer „Grenzüberschreitung, die noch nicht da gewesene Verbindung von Kontexten ist ihre Manifestation" (Liebl 2008: 85). So stellt für Liebl (2008: 84) auch die Trendforschung ihrem Wesen nach „Innovationsforschung, die Wissenschaft vom Neuen" dar.

Neben dem Neuheitsgrad weist Liebl auf die Relevanz der Verbreitung des Trends hin und geht dabei auf den von Ryan Mathews und Watts Wacker (2003) erstmalig vollständig vorgelegten Trend-Lebenszyklus ein. Durch ihre Fallbeispiele im Buch „The Deviants Advantage" (in der Deutschen Fassung: „Bunte Hunde") wird deutlich: „In der Bizarrerie von heute liegt der Keim des Mainstreams von morgen oder gar übermorgen" (Liebl 2008: 10). Ähnlich wie bei den „weak signals" geht es also darum, Wandlungsphänomene auch innerhalb unscheinbarer Nischen zu beobachten, da hieraus möglicherweise „das nächste große Ding" entstehen kann.

Aus diesem Zugang zu Trends, d.h. einem Verständnis von Trends als ökonomisch und sozial relevante Manifestationen des Neuen und der Verbreitung durch anfangs – möglicherweise zunächst „bizarre" – schwache Signale soll im Folgenden der Trend der Achtsamkeit untersucht werden.

5 Forschungsdesign

Ziel dieser Arbeit ist eine Vertiefung und Systematisierung der Achtsamkeit als Trend-Phänomen in Deutschland. Die übergeordnete Fragestellung dieser Arbeit lautet:

Wie wird Achtsamkeit in der Öffentlichkeit thematisiert?

Für das Forschungsdesign der Arbeit bieten sich nur bedingt die Methoden der Trendforschung an, da – wie im vorherigen Kapitel aufgezeigt – ein einheitlich definierter Methodenbestand fehlt (vgl. Pfadenhauer 2004; Rust 2009; Müller 2009: 25). Allerdings können doch Ähnlichkeiten in der Vorgehensweise der Trendanalyse gefunden werden. So verfolgt die Mehrheit der Forschungsstrategien eine einheitliche Logik in ihren Prozessen, indem meist drei verschiedene Erkenntnisphasen, wie „Informationen", „Wissen" und „höheres strategisches Verständnis" durchlaufen werden (vgl. Liebl 2000: 70 f.; Müller 2009: 25). Des Weiteren zeigen bestehende Studien zum Methodeneinsatz auf, dass die Verwendung qualitativer Forschung gegenüber quantitativer Forschung bevorzugt wird (vgl. Müller 2009: 25; Pfadenhauer 2004: 3).

Das Forschungsdesign dieser Arbeit (s. Abb. 5) lässt sich grob in die drei Erkenntnisphasen, „Daten- und Informationsbeschaffung", „Diagnose und Analyse" und „Interpretation und Anwendung" unterteilen. Das Forschungsmodell soll jedoch nicht als starres Konstrukt verstanden werden; es ist durchaus möglich, dass in Phase 2 die Erkenntnisse aus Phase 1 teilweise revidiert werden und somit Aspekte der ersten Phase noch einmal genauer überprüft werden müssen. Die drei Phasen werden im Folgenden genauer hinsichtlich Methoden und Zielen erläutert.

L. Heschel, *Deep Breath: Die neue Achtsamkeit einer beschleunigten Gesellschaft*, BestMasters, https://doi.org/10.1007/978-3-658-20980-3_5

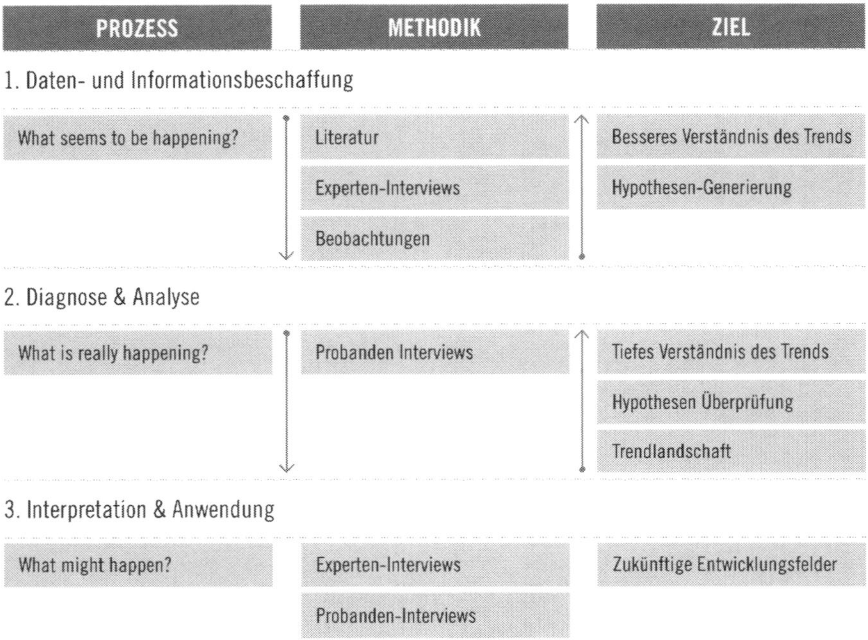

Abb. 5: Das Forschungsdesign unterteilt in Prozess, Methodik und Ziel

1. Phase: Daten- und Informationsbeschaffung

Die erste explorative Phase dient zur Orientierung in dem neuen Feld der Achtsamkeit. Ziel ist es, durch Literaturrecherchen, Beobachtungen und Experten-Interviews Hypothesen aufzustellen, die dann in der nächsten Phase „Diagnose und Analyse" an Praktizierenden der Achtsamkeit überprüft werden.

Bei der Methode Beobachtungen handelt es sich um teilnehmende und aktive Beobachtungen, das bedeutet, dass an „Interaktionen in der sozialen Situation" partizipiert und dabei eine „Alltagsrolle im sozialen Feld" vom Beobachter übernommen wird (Raub und Buskens 2004: 564). Die Untersuchungen verlaufen ohne Beobachtungskatalog, jedoch wird ein besonderes Augenmerk auf die Personen, die Atmosphäre und die Anwendungsmethode der Achtsamkeit gelegt. Konkret handelt es sich hier um zwei Beobachtungen, die nach der Teilnahme an Meditationen in Meditationszentren festgehalten werden.[3]

Auch die Experten-Interviews sollen der Exploration helfen und dabei im Vorfeld der Erstellung des Leitfadens für die Probanden-Zielgruppe (in diesem Fall Praktizierende der Achtsamkeit) nützen (vgl. Einsatz von Experten-Interviews bspw. in Flick 2010: 218). Hierfür werden drei Akteure, die auf unterschiedliche Weise beruflich mit dem Thema Achtsamkeit verbunden sind, mithilfe von individuell angepassten Leitfäden interviewt.[4]

Für die Auswahl der Experten erschien es sehr wichtig ein möglichst breites Spektrum unterschiedlichster Auffassungen über das Thema Achtsamkeit abzudecken. Hier interessiert einerseits die Praktik der Achtsamkeit und andererseits die Ansichten zu dem erst seit ein paar Jahren um die Achtsamkeit kursierenden Trend. Aus dem Grund erscheint es sinnvoll, sowohl Interviewpartner mit einer eher traditionellen Sichtweise zu gewinnen, als auch Experten der „neuen, trendigen Achtsamkeit" zu interviewen.

Für ein Interview wurden schließlich folgende Experten ausgewählt, die auch für die Gespräche gewonnen werden konnten: Lothar Schwalm, Achtsamkeitslehrer und Gründer des MBSR/MBCT[5] Verbands Deutschlands, von dem eine eher klassische Sichtweise der Achtsamkeit mit Bezug zum Buddhismus erwartet wurde, Niklas Fehr[6], Gründer der in Deutschland meist verwendetsten Meditations-App, der Achtsamkeit für die Masse kompatibel und digital zugänglich macht und Mareile Braun,

---

3 Die Ergebnisse der zwei Beobachtungen sind unter „Exkurs: Beobachtungen" zu finden.

4 Die Arbeit mit einem Leitfaden bietet sich an, um als Forscher als kompetenter Gesprächspartner wahrgenommen zu werden, dem Gespräch eine Struktur zu verleihen und erlaubt zugleich dem Experten, seine Sache und Sicht der Dinge zu extemporieren (vgl. Meuser und Nagel 2002: 77). Die Leitfaden-Interviews sind im Anhang zu finden.

5 Die heute am häufigsten angewandten Achtsamkeitstrainings sind das MBSR, das bereits erwähnte Programm zur Stressbewältigung durch Achtsamkeit nach Kabat-Zinn, und das MBCT (Mindfulness based Cognitive Therapy), die Achtsamkeitsbasierte Kognitive Therapie, eine von Williams, Teasdale und Segal entwickele Methode, um Menschen mit ein- oder mehrfach durchlebter Depression eine Methode an die Hand zu geben, die das Risiko eines Rückfalls verringert.

6 Zur Gewährleistung der Anonymität des Gründers wird hier dieser Name als Pseudonym verwendet

die als Chefredakteurin der *emotion slow* dazu beiträgt die Achtsamkeit populär zu machen und somit weiß, was die Zielgruppe, um das Thema Achtsamkeit sonst noch interessiert.[7]

2. Phase: Diagnose und Analyse

Für die Untersuchung dieser Arbeit wird sich der Ansicht von Liebl (2000: 61), dass es keine einheitliche Entwicklungsrichtung und damit Prognostizierbarkeit eines Trends gibt, angeschlossen, sodass der Fokus darauf liegt, den Trend der Achtsamkeit zu diagnostizieren, statt zu prognostizieren. Das bedeutet, dass ein tieferes Verständnis der heute ausgeführten Achtsamkeit angestrebt wird, welches nur durch die Einbindung der Meinung von Praktizierenden gegeben werden kann. Aus dem Grund sollen die in der ersten Forschungsphase gewonnenen Erkenntnisse in der zweiten Phase überprüft und verschärft werden. Hierfür werden zehn weitere Leitfaden-Interviews mit jenen Personen geführt, die die Achtsamkeit regelmäßig praktizieren bzw. leben.

Bei der Wahl der Praktizierenden wird stark darauf geachtet möglichst unterschiedliche Personen für ein einstündiges Gespräch zu gewinnen. Hierfür soll das Verhältnis an männlichen und weiblichen Gesprächspartnern verschiedenen Alters ausgeglichen sein und auch deren persönlichen Geschichten, wie z.B. deren Motive, Glauben, Beruf und der Einstellung gegenüber der Achtsamkeit möglichst unterschiedlich ausfallen. Um dies zu ermöglichen wird sowohl im weiten Bekanntenkreis, als auch in den sozialen Netzwerken nach meditierenden Personen gesucht.[8] Für ein umfangreiches Bild der Auswahl der verschiedenen Praktizierenden s. „Exkurs: Praktizierende der Achtsamkeit“.

Die Gespräche sollen einerseits die aufgestellten Hypothesen überprüfen und andererseits stets offen bleiben, um auf mögliche neue Erkenntnisse zu stoßen. Durch diese Analyse soll u.a. benannt werden können, was das Neue an dem Trend

7 Für weitere Informationen s. „Exkurs: Experten der Achtsamkeit“

8 Über Bekannte konnten Lara, Oskar, Kaspar, Harry, Ina und Peter gewonnen werden; über soziale Netzwerke wurden Friedrich (via *LinkedIn*), Frieda (via *Instagram*) und Patrick und Mia (via *Facebook*) rekrutiert. Die Personen wurden anonymisiert.

ist und eine Aussage darüber getroffen werden, wie verbreitet der Trend bereits ist. Von diesen Erkenntnissen ausgehend wird der Trend der Achtsamkeit im Anschluss zu einem größeren, in Zusammenhang stehenden Komplex, einer sogenannten „Trendlandschaft", eingebettet (vgl. Liebl 2000: 93; Liebl 2008: 96; Müller 2009: 54).

3. Phase: Interpretation und Anwendung

Ausgehend von der Unprognostizierbarkeit eines Trends, sollen in der letzten Phase zumindest Möglichkeitsfelder und Potenziale der zukünftigen Entwicklung der Achtsamkeit aufgezeigt werden. Auch hier helfen die Meinungen der Experten und der Praktizierenden, da sie in den Interviews auch zu ihren Wünschen, ihren Bedenken und ihren realen Vorstellungen der zukünftigen Entwicklung der Achtsamkeit befragt werden.

Experten der Achtsamkeit

Steckbriefe der Interviewpartner

Lothar Schwalm

Achtsamkeitstrainer Lothar Schwalm kann als einer der Gründerväter der Achtsamkeit in Deutschland beschrieben werden. Im Jahr 2001 bot er als einer der ersten Lehrer MBSR-Kurse in Berlin an und hat dadurch heute weit über 1.000 Menschen die Achtsamkeitsmeditation beigebracht. 2004 gründete er mit Kollegen den MBSR/MBCT-Verband in Deutschland, der heute ca. 500 Lehrende aufweist.

Mareile Braun

Mareile Braun ist seit 2014 Chefredakteurin der Zeitschrift *emotion slow*, die sich mit dem Slogan „Mehr Zeit für's Wesentliche" einem bewussten, nachhaltigen Lebensstil verschrieben hat. Sie ist zusätzlich freiberuflich als Coach und Trainerin für die Bereiche Stress-Management und Burnout-Prävention tätig und berät Agenturen und Marken als Trend-Scout.

Niklas Fehr *

Niklas Fehr, Gründer der in Deutschland meist genutzten Meditations-App, ist der Meinung, dass sich das Image der Meditation momentan verändert und die Praxis mehr und mehr zur Selbstverständlichkeit wird. Neben der App veranstaltet er eine Konferenzreihe für Führungskräfte zum Thema Achtsamkeit mit dem Ziel die Wirtschafts- und Technologiebranche aufmerksam auf die Philosophie zu machen.

EXKURS

*Pseudonym

6 Achtsamkeit in der Öffentlichkeit

Um ein tieferes Verständnis dafür zu bekommen, wie das Phänomen Achtsamkeit öffentlich thematisiert wird, soll in diesem Kapitel zunächst eine begriffliche Herleitung der Achtsamkeit stattfinden, in der auch die Praktizierenden mit ihrem persönlichen Verständnis berücksichtigt werden (s. Kapitel 6.1). Des Weiteren ist es entscheidend zu wissen warum, sprich mit welchen Motiven die Menschen heute Achtsamkeit praktizieren (s. Kapitel 6.2). Aufbauend auf diesem Wissen werden im Anschluss die Kontexte und somit der Neuheitswert des Trends bestimmt (s. Kapitel 6.3). Da die Achtsamkeit auch außerhalb des Meditationskissens stattfinden und in den Alltag integriert werden soll, werden im Kapitel 6.4 die Auswirkungen der Achtsamkeit auf andere Lebensbereiche des Praktizierenden analysiert. Im Anschluss soll bestimmt werden, wie „normal" es heute für die Praktizierenden ist, zu meditieren. Hieraus soll eine Einstufung der Lebenszyklusphase des Trends vorgenommen werden (s. Kapitel 6.5). Die Beschreibung der Zielgruppe und ihre sonstigen Interessen soll helfen das Ziel dieses Kapitels zu vervollständigen, nämlich den Trend in eine Trendlandschaft einzubetten (s. Kapitel 6.6).

6.1 Achtsamkeit: Ein Begriff – viele Bedeutungen

Zwar ist Achtsamkeit, wie anhand der unterschiedlichen Beispiele des 3. Kapitels verdeutlicht wurde, in einer gewissen Weise angesagt, doch was genau unter Achtsamkeit verstanden wird, darüber streiten sich selbst die Experten. Durch die starke Nachfrage werden die Interpretationen und Praktiken der Achtsamkeit vielfältiger, der amerikanische Buddhist Bhikkhu Bodhi kommt sogar zu dem Schluss, man könne mittlerweile fast alles unter diesen Begriff fassen:

„Mindfulness as a concept has become so vague and elastic that it serves almost as a cipher into which one can read virtually anything we want." (Bodhi 2011: 22)

Vor diesem Hintergrund ist es sinnvoll zunächst zu klären, wie die Achtsamkeit in seiner ursprünglichen Version im Buddhismus verstanden wird, um dies dann mit unserer heutigen westlichen Interpretation zu vergleichen. Für die westliche Auffas-

L. Heschel, *Deep Breath: Die neue Achtsamkeit einer beschleunigten Gesellschaft*, BestMasters, https://doi.org/10.1007/978-3-658-20980-3_6

sung wird neben der Einbeziehung wissenschaftlicher Literatur auch auf die Meinungen der Experten gehört, um im Anschluss zu überprüfen, wie die Achtsamkeit heute tatsächlich in der Praxis am Beispiel der zehn Praktizierenden verstanden wird. Ausgehend von der Literatur, den Gesprächen mit den Experten und Praktizierenden, soll als Ausgangspunkt für die weitere Forschung am Ende des Kapitels eine eigene Definition der Achtsamkeit aufgestellt werden.

6.1.1 Achtsamkeit im Buddhismus

Der Buddhismus basiert auf den Lehren des Siddharta Gautama, der in Nordindien etwa im 6. oder 5. Jahrhundert v. Christus lebte und später unter dem Namen Buddha („der Erwachte", „der Erleuchtete") bekannt wurde. Nach Buddhas Lehre ist es Ziel des menschlichen Lebens, einen Ausweg aus dem ständigen Kreislauf des Leidens zu finden und zur Selbsterlösung (entweder in diesem oder in einem anderen Leben) zu gelangen. Die Achtsamkeit spielt auf dem Weg zur Erlösung eine entscheidende Rolle. Da sie jedoch eingebettet ist in einen umfassenden Kontext weiterer meditativer Übungen und ethischer Verhaltensanweisungen (vgl. von Allmen 2007), erscheint es sinnvoll, diesen Kontext hier kurz zu skizzieren.

Buddhas erste Lehrrede handelte von den **Vier Edlen Wahrheiten**, die noch heute das Herzstück der buddhistischen Lehre darstellen. Die Vier Edlen Wahrheiten beinhalten die Wahrheit, dass jegliche Existenz im Grunde leidvoll ist (dukkha); die Wahrheit, dass der Grund dafür in den Wesen selbst zu finden ist (samudaya); die Wahrheit, dass es einen Weg heraus aus dieser Misere gibt (nirodha); und die Wahrheit vom Weg, der aus dem Leiden heraus führt (magga) (vgl. Pali-Kanon a). Bei diesem letzteren Weg handelt es sich um den sogenannten Edlen Achtfachen Pfad.

Der **Edle Achtfache Pfad** (s. Abb. 6) ist also jener Weg, der zur Beendigung des Leidens (dukkha) und zur Fähigkeit der Selbsterweckung, zur persönlichen Transformation führt. Er bietet einen ganzheitlichen, umfassenden Weg zur Erlösung, der sich in drei voneinander abhängige Bereiche gliedert: (1) Wissen/ Weisheit (paññā): Rechte Erkenntnis und rechte Gesinnung; (2) Ethik/ Sittlichkeit (síla): Rechte Rede, rechtes Tun und rechter Lebensunterhalt und (3) Sammlung/ Vertiefung (samādhi): Rechte Anstrengung, rechte Achtsamkeit und rechte Sammlung (vgl. Pali-Kanon b).

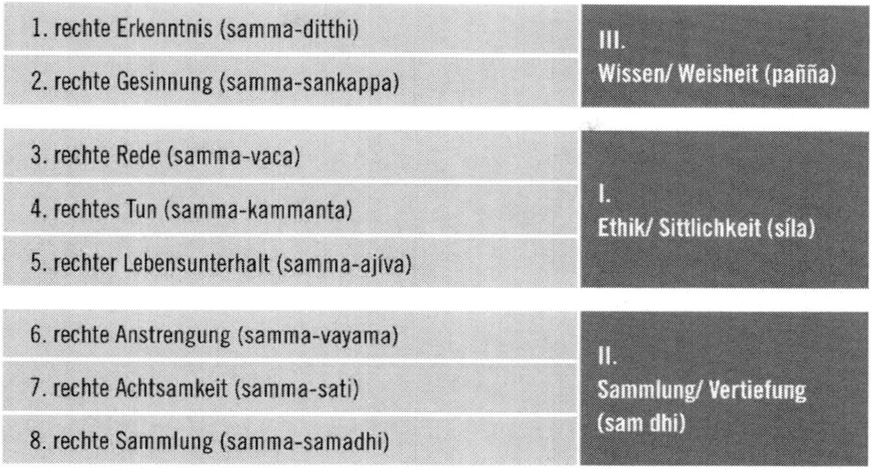

Abb. 6: Der Edle Achtfache Pfad (in Anlehnung an Pali-Kanon b)

Bevor hier näher auf die rechte Achtsamkeit eingegangen wird, sollen zur Veranschaulichung zwei weitere Beispiele der Glieder des Edlen Achtfachen Pfades erwähnt werden. Rechte Gesinnung (sammā-sankappa) umfasst beispielsweise den Entschluss zur Entsagung, zum Wohlwollen gegenüber allen Lebewesen, zum Loslassen von Hass, Gier und Ignoranz. Ein anderes Glied, genannt sammā-kammanta oder rechtes Tun, bedeutet keine Lebewesen zu töten oder zu verletzen, nicht zu stehlen sowie unzulässigen Geschlechtsverkehr zu unterlassen (vgl. Pali-Kanon c).

Achtsamkeit, sprich **sati**, bildet das siebte Glied des Pfades. Sati bedeutet „Gedächtnis", jedoch wird es im buddhistischem Gebrauch als mehr als die Fähigkeit verstanden, sich an Vergangenes zu erinnern. Sati bedeutet vielmehr eine auf die Gegenwart gerichtete wache Aufmerksamkeit, klare Bewusstheit und Besonnenheit. Achtsamkeit wird deswegen als die beste Übersetzung des Wortes sati empfunden (vgl. Pali-Kanon d). Sammā-sati, sprich rechte Achtsamkeit, bezieht sich nicht nur auf einen „passiven" meditativen Zustand; vielmehr soll ein Praktizierender die Achtsamkeit konsequent bezüglich aller Erfahrungen anwenden. Das bedeutet nach bestimmten ethischen Regeln oder im Sinne bestimmter buddhistischer Prinzipien ethisch heilsame, sprich großzügige, mitfühlende, geduldige, liebevolle Konsequenzen für sein Handeln zu ziehen (vgl. Gruber 1999).

Die starke Relevanz der Achtsamkeit (sati) für die buddhistische Lehre kann in einem Zitat des Satipatthāna-Sutta, den „**vier Grundlagen der Achtsamkeit**" erschlossen werden:

„Der gerade Weg, ihr Mönche, der zur Läuterung der Wesen, zur Überwältigung des Schmerzes und Jammers, zur Zerstörung des Leidens und der Trübsal, zur Gewinnung des Rechten, zur Verwirklichung der Erlöschung führt, das sind die vier Grundlagen der Achtsamkeit." (Pali-Kanon e)

Bei diesen Grundlagen wird Achtsamkeit anhand von vier Beobachtungsbereichen vermittelt:

1. Achtsamkeit auf den Körper: Bewusstes Ein- und Ausatmen, bewusste Körperhaltung oder bewusste Körpertätigkeiten,
2. Achtsamkeit auf die Gefühle: Empfindung ist angenehm, unangenehm oder neutral,
3. Achtsamkeit auf den Geist: Zustand ist abgelenkt, konzentriert oder verwirrt,
4. Achtsamkeit auf die Geistesobjekte: Konzentration auf alle äußeren und inneren Objekte und Gedanken, die im Moment wahrgenommen werden.

Durch das achtsame In-Kontakt-Treten mit den beobachteten Körperempfindungen, Gefühlen, Geisteszuständen und Geistesobjekten ohne diese zu bewerten, kultiviert sich gemäß der buddhistischen Lehre, Einsicht in die Natur des Geistes (vgl. Rose und Wallach 2004: 36). Sati kann also als ein Zustand des Gewahrseins im Augenblick beschrieben werden, in dem der Geist versucht zu beobachten, ohne einzugreifen. Durch das bloße Bemerken und Erkennen, dass Zustände oder Empfindungen entstehen, erkennt der Praktizierende, dass diese Zustände von alleine wieder vergehen, unabhängig davon, wie sie empfunden wurden (vgl. Schmidt 2014: 14).

Hierbei ist jedoch gemäß Achtsamkeitsforscher Stefan Schmidt noch einmal wichtig zu betonen, dass es sich bei der buddhistischen Lehre um eine Erfahrungs-, statt einer Glaubensreligion handelt (vgl. 2014: 14). So ist „sati" oder Achtsamkeit im Buddhismus kein feststehender theoretischer Begriff – ein Verständnis dessen, was genau hierunter zu verstehen ist, kann also nur aus eigener Erfahrung erlangt werden und selbst dieses Verständnis ändert sich mit zunehmender Erfahrung in der Meditation.

Dieser kurze und stark vereinfachte Exkurs soll einerseits dazu dienen, den großen Stellenwert der Achtsamkeit – als ein Glied des Edlen Achtfachen Pfads – im Buddhismus aufzuzeigen, und andererseits deutlich machen, dass Achtsamkeit kein losgelöstes Werkzeug ist. Nur durch die Kultivierung aller Glieder kann im Buddhismus das Ziel der Erlösung erreicht werden. Diesen Weg zu gehen, bedeutet also nach buddhistischer Tradition, anstatt eine Zeit der Stille oder Selbstexploration zu erfahren, die Absicht zu verfolgen den Weg einer persönlichen Transformation zu gehen, der zu Mitgefühl gegenüber allen Lebewesen führt und dessen höchstes Ziel die Erlösung in diesem oder einem anderen Leben ist (vgl. Schmidt 2014: 15).

6.1.2 Achtsamkeit im Westen

In der westlichen Kultur wird Achtsamkeit – wie anfangs bereits erwähnt – maßgeblich durch die Arbeit Kabat-Zinn's (1982) geprägt. Ihm zufolge ist Achtsamkeit eine auf eine bestimmte Weise gerichtete Aufmerksamkeit, welche absichtsvoll, gegenwärtig und nicht-wertend ist (vgl. Kabat-Zinn 1994: 4).

Dieser Definition stellen Bishop et al. 2004 eine umfangreichere Definition gegenüber, die aus zwei Komponenten besteht: Die erste Komponente beinhaltet die Selbstregulation der Aufmerksamkeit, welche auf die unmittelbare Erfahrung im gegenwärtigen Moment gerichtet ist und dabei die verändernden Gedanken, Emotionen und Körperempfindungen betrachtet (vgl. Bishop et al. 2004: 232 f.). Bei der zweiten Komponente handelt es sich um eine gewisse innere Haltung, bestehend aus Neugierde, Offenheit und Akzeptanz, mit der dieser Erfahrung begegnet wird (vgl. Bishop et al. 2004: 233 f.).

Mit zunehmendem Interesse an der Forschung der Achtsamkeit existieren heute eine große Bandbreite unterschiedlicher, nur teilweise übereinstimmender Definitionen von Achtsamkeit. Einerseits hängt dies stark mit dem jeweiligen wissenschaftlichen Hintergrund und Fokus der Forschenden zusammen, sodass je nach Forschungsbereich unterschiedliche Definitionen entstehen. Hierbei werden insbesondere klinische und psychologische Definitionen kritisiert, da sie teilweise – da losgelöst von ihrem buddhistischen Ursprung – jegliche ethischen Werte verlieren und Achtsamkeit nahezu gleichbedeutend wie Aufmerksamkeit verstanden wird (vgl. Grossman

2015). Andererseits ist Achtsamkeit, wie im vorherigen Kapitel aufgezeigt, eine Erfahrung des Meditierenden selbst und kann daher nur sehr individuell interpretiert werden. Die unterschiedlichen Anwendungsarten der Achtsamkeit unter den Forschenden führen somit auch unausweichlich zu unterschiedlichen Interpretationen und Definitionen der Achtsamkeit.

6.1.2.1 Wie wird Achtsamkeit im Westen verstanden? – Untersuchung

In den drei geführten Experten-Interviews spiegelt sich der Diskurs, der in der Fachliteratur um den Begriff Achtsamkeit geführt wird, sehr gut wider. So wird einerseits von einer Verwässerung durch den inflationären Gebrauch des Begriffs „Achtsamkeit" gesprochen und andererseits kritisiert, dass das Konzept „Achtsamkeit" als ein Werkzeug verkommt, das lediglich dazu dient, ein bestimmtes Ziel zu erreichen. So gibt Lothar Schwalm, seit 2001 einer der ersten MBSR-Lehrer in Berlin und Gründungs-Mitglied des MBSR/MBCT-Verbandes in Deutschland, besorgt wieder:

„Das Problem ist […], dass eben Achtsamkeit als Begriff so verwässert wird, dass er eigentlich fast kaum noch zu benutzen ist. […] Er wird mit Inhalt gefüllt, der jedenfalls nicht dem ursprünglich buddhistischen Inhalt entspricht und auch meinem eigenen nicht. [Achtsamkeit ist] sehr in die Breite gegangen in den letzten paar Jahren. Dadurch sind sehr viele Leute auch auf diesen Achtsamkeits-Zug aufgesprungen und wissen aber gar nicht, was damit gemeint ist. Deswegen […] liegt ein großer Teil sozusagen [in meinem Job] darin Missverständnisse auszuräumen, um den Begriff erst mal zu definieren oder zu erarbeiten mit den Leuten."

Ein anderer Experte, Niklas Fehr – Gründer der in Deutschland meist verwendetsten Meditations-App – gibt zu, dass Achtsamkeit im buddhistischen Sinne zwar viel mehr bedeute, als besser mit Stress oder Schlafstörungen umzugehen und es sich hierbei eigentlich nicht um ein Werkzeug zur Selbstoptimierung handeln dürfe (Im Sinne von: „Wenn ich jetzt meditiere, bin ich danach noch produktiver, fokussierter, kreativer etc."), sich jedoch das Konzept am leichtesten in einer säkularisierten Version, als eine Art Werkzeug zur Zielerreichung, vermarkten ließe:

„Sobald du damit in die Masse gehen willst, musst du halt irgendwie so ein bisschen generischer und massenkompatibler werden. Klar willst du nicht komplett belanglos und die ganze Tiefe verlieren, aber unser Haupttreiber war sozusagen, das Ding Mainstream, also die Meditation, so wie Zähneputzen zu machen. […] Darum haben wir auch bewusst jede Esoterik aus der App entfernt. […]

Wir werden häufig so mit dem Vorwurf konfrontiert: „Ihr entkoppelt das komplett und nutzt es nur noch zur Selbstoptimierung". Ja, und das ist es ja auch irgendwie, also wie wir es vermarkten, das ist ja dieses klassische: „Um - Zu". „Meditiere, um gelassener zu sein, um dich besser konzentrieren zu können", und so weiter. Und das nutzen auch Viele zur Selbstoptimierung, würde ich behaupten. Das ist natürlich genau, wenn du dir das Grundkonzept der Meditation anguckst, komplett konträr. Also darum geht es ja gerade nicht. Du willst gar nichts erreichen."

An dem Interview mit der dritten Expertin Mareile Braun, Chefredakteurin der Zeitschrift *emotion slow*, lässt sich erkennen, dass ihr Verständnis von Achtsamkeit bereits stark konträr zu dem ist, was Achtsamkeit in der buddhistischen, aber auch in der westlichen – z.B. in MBSR-Kursen – gelehrten Variante bedeutet. Ihre Auffassung – als Chefredakteurin eines Magazins, das vorgibt sich mit dem Thema Achtsamkeit auszukennen und auch zahlreiche Artikel zum Thema veröffentlicht – lässt bereits erkennen, dass die Medien einen entscheidenden Beitrag dazu leisten, dass heute ein so vielfältiges Angebot an Interpretationen der Achtsamkeit existiert:

„Es geht um's einfache Leben und um einfach zu leben. Und das ist, was wir unter der angewandten Achtsamkeit im Alltag auch verstehen. Es geht darum einfach zu leben: Genussvoll runterzukommen von allem, was sonst in einem sehr komplexen Leben auch natürlich in einem durch Digitalisierung und allem was daran hängt sehr aufregenden und aufgeregten Leben – gerade für junge Leute – ansteht."

Dieses erste Bild des Diskurses über den Begriff der Achtsamkeit, führt zu folgender Hypothese, die im Anschluss anhand der zehn Praktizierenden der Achtsamkeit untersucht werden soll:

> Praktizierende der Achtsamkeitsmeditation haben unterschiedliche, individuelle Vorstellungen von dem, was Achtsamkeit bedeutet.

Hierfür werden die Interviewpartner, welche auf den unterschiedlichsten Wegen zum Thema Achtsamkeit gekommen sind und sich teilweise stark durch ihre Erfahrung in dem Bereich unterscheiden (so meditiert Oskar beispielsweise erst seit ca. einem Monat und Friedrich bereits seit 22 Jahren), gefragt, was für sie „Achtsamkeit" bedeutet.

EXKURS

Praktizierende der Achtsamkeit

Steckbriefe der Interviewpartner

Kaspar* 38 Jahre | Berlin | Berater bei BCG

In der Beratungsbranche wird Achtsamkeit immer beliebter: Nach einer Taxifahrt mit zwei Kollegen hat Kaspar festgestellt, dass nicht nur er, sondern auch seine Kollegen für 10min. im Taxi meditiert haben.

Achtsamkeitspraxis	Seit 6 Monaten
Stille Meditation**	140min.
Aufmerksam durch	Hat etwas über einen „L.A. Tech-Guy" gelesen, der für die App *Headspace* geworben hat.
Auslöser	Langeweile, da er sich durch einen Motorrad-Unfall nicht viel bewegen konnte.
Angebote	*Headspace* (App)
Veranstaltungen	–
Stellenwert der Achtsamkeit	7

Frieda 27 Jahre | Frankfurt/Main | Projektmanagerin Immobilienbranche

Sieht Achtsamkeit als eine Lebensphilosophie, keine Praktik.

Achtsamkeitspraxis	Seit 1 Jahr (Yoga seit 6 Jahren, ca. 3 x Woche)
Stille Meditation	210min.
Aufmerksam durch	Zweiwöchiger Aufenthalt in einem Ashram in Indien
Auslöser	Schleichender Prozess, wachsendes Interesse für die Achtsamkeit durch Yoga
Angebote	*Happinez* (Zeitschrift), *The Secret* (Buch)
Veranstaltungen	Fährt für Achtsamkeits-, Yoga- und Energieseminare durch ganz Deutschland und besucht sehr viele unterschiedliche Yoga Studios in Frankfurt
Stellenwert der Achtsamkeit	**9**

*Die Namen der Personen wurden anonymisiert.

**Minuten der Stillen Meditation in den letzten 2 Wochen.

Peter 30 Jahre | Berlin | Selbstständiger im Bereich Digitale Medien

Hat vor ein paar Jahren ungern zugegeben zu meditieren, da es ihm wie eine Schwäche vorkam. Heute ist es ihm teilweise schon zu hip.

Achtsamkeitspraxis	Seit 3,5 Jahren
Stille Meditation	200min.
Aufmerksam durch	Psychotherapeut
Auslöser	Jahrelange Nervosität und negative Gedanken
Angebote	*Headspace* (App), *„Full catastrophe living"* (Buch von Jon Kabat-Zinn)
Veranstaltungen	Achtwöchiger MBSR-Kurs
Stellenwert der Achtsamkeit	**9-10**

Mia 26 Jahre | Dresden | Lehramtstudentin

Plant in Pädagogik zu promovieren, um Achtsamkeit an Schulen zu erforschen

Achtsamkeitspraxis	Seit 2 Jahren
Stille Meditation	420 - 840min.
Aufmerksam durch	Verhaltenstherapie
Auslöser	Chronische Schmerzen und Interesse für die eigene Anwendung im Beruf
Angebote	*7mind* (App), 2 Bücher, *Flow* (Zeitschrift)
Veranstaltungen	Achtwöchiger MBSR-Kurs
Stellenwert der Achtsamkeit	**10**

EXKURS

EXKURS

Ina 32 Jahre | Berlin | Psychologin

Setzt als Psychologin die Achtsamkeit bei einigen ihrer Patienten als Therapie ein.

Achtsamkeitspraxis	Seit 7 Jahren (und unregelmäßiges Yoga)
Stille Meditation	280 - 420min.
Aufmerksam durch	Belegte in der Uni die Fächer „Achtsamkeit" und „Buddhismus"
Auslöser	Starkes Interesse für andere Religionen
Angebote	*Headspace* (App), Bücher
Veranstaltungen	Früher: Meditationsgruppe; Heute: Unregelmäßig Yoga in verschiedenen Studios
Stellenwert der Achtsamkeit	**9**

Harry 55 Jahre | Essen | Pensioniert

Möchte nicht mit Spiritualität in Verbindung gebracht werden. Für ihn bedeutet Achtsamkeit einfach „bewusst leben".

Achtsamkeitspraxis	Seit ca. 8 Jahren
Stille Meditation	0min.
Aufmerksam durch	Ein Freund hat ihm das *UTA*, ein Institut für spirituelle Therapie und Meditation, empfohlen.
Auslöser	Begleitete seine Ehefrau 3,5 Jahre durch ihre Krebserkrankung. Auf der Suche nach alternativen Heilmitteln kamen sie auf Yoga, Mediation und eine generell achtsamere Lebenseinstellung. Nach dem Tod seiner Frau fand er halt in einem Yoga-Studio.
Angebote	Bücher u.a. von Osho
Veranstaltungen	Yoga und Meditation im Yoga-Studio *Einklang* (Essen), Meditations-Zentrum *UTA* (Köln)
Stellenwert der Achtsamkeit	**10**

Lara 26 Jahre | Amsterdam | Kulturwissenschaft Studentin

Ist der Meinung, dass die Gesellschaft friedvoller wäre, wenn alle Menschen ein bisschen achtsamer miteinander umgingen.

Achtsamkeitspraxis	Seit 4 Jahren (und regelmäßiges Yoga)
Stille Meditation	60min.
Aufmerksam durch	Yoga
Auslöser	War durch einen Aufenthalt in Lima sehr unglücklich, da sie die Stadt als sehr hektisch empfand, sie niemanden kannte und kein Spanisch sprach.
Angebote	Bücher
Veranstaltungen	Konzerte, bei denen man gemeinsam chantet (singt), Yogastunden bei Jivamukti (Berlin) und kostenlose Meditationskurse (Amsterdam)
Stellenwert der Achtsamkeit	**8**

Patrick 32 Jahre | Berlin | Start-Up Gründer

„Unsere Generation braucht Praktiken, wie die Achtsamkeit, um besser mit der Unsicherheit durch Informationsflut und Beschleunigung umgehen zu können."

Achtsamkeitspraxis	Seit 2,5 Jahren
Stille Meditation	130min.
Aufmerksam durch	*TED* Talk von Andy Puddicombe (Gründer der *Headspace* App)
Auslöser	Interesse für Körper und Geist
Angebote	*Headspace* (App), *YouTube* Kanäle, wie z.B. der von Tim Ferriss
Veranstaltungen	Bisher keine, möchte an einem Klosterbesuch teilnehmen
Stellenwert der Achtsamkeit	**6-7 (Umsetzung), 10 (Wunsch)**

EXKURS

Oskar 31 Jahre | Barcelona | Psychologe

„Hätte ich das Achtsamkeits-Seminar nicht gemacht, wäre ich nicht mehr mit meiner Freundin zusammen!"

Achtsamkeitspraxis	Seit 1 Monat (Yoga seit 3 Jahren)
Stille Meditation	420 - 840min.
Aufmerksam durch	Psychologie Studium, Yogalehrerin
Auslöser	Hat sich 2 Jahre viel über Yoga und die Lebensweise angelesen, dann selber Yoga praktiziert und vor einem Monat einen zehntägigen Klosterbesuch bei Buddhisten in Portugal gemacht.
Angebote	Bücher und CD's
Veranstaltungen	Klosterbesuch, Gruppenmeditation im buddhistischen Zentrum in Berlin, Yoga-Kurse
Stellenwert der Achtsamkeit	**9**

Friedrich 58 Jahre | Wien | Führungskräfte-Coach

Buchautor von „Sich selbst führen - und dann die anderen: Anregungen für Manager", in welchem er Achtsamkeit für Führungskräfte empfiehlt.

Achtsamkeitspraxis	Seit 22 Jahren
Stille Meditation	460min.
Aufmerksam durch	Buddhistisches Kloster in Berlin
Auslöser	Stress, kurz vor dem Burn-Out
Angebote	*Insight Timer* (App)
Veranstaltungen	Klosterbesuch, *Zen Leadership School*
Stellenwert der Achtsamkeit	**9**

6.1.2.2 Wie wird Achtsamkeit im Westen verstanden? – Ergebnis

Die Interviewergebnisse zeigen, dass der Begriff nicht so stark verwässert ist, wie es Lothar Schwalm befürchtet, sich jedoch schon starke Unterschiede in den einzelnen Definitionen aus Sicht der Praktizierenden bemerkbar machen. Tatsächlich gab es drei Praktizierende, die eine deutlich individuellere, abweichende Vorstellung von dem Konzept Achtsamkeit haben, doch innerhalb der anderen sieben Definitionen der Praktizierenden lässt sich die Nähe zur Definition Kabat-Zinn's erkennen.[9] Kabat-Zinn definiert, zur Erinnerung, Achtsamkeit folgendermaßen: „Mindfulness means paying attention in a particular way: on purpose, in the present moment, and non-judgmentally." Alle diese drei Aspekte werden jedoch nur von Ina wiedergegeben, die Achtsamkeit folgendermaßen beschreibt:

„Ich würde sagen Achtsamkeit ist eine Form der Aufmerksamkeit, also so ein Geisteszustand, eine Haltung, ein Bewusst-Werden, ein ganz im Hier und Jetzt im „Moment-da-sein" und Sachen aufzunehmen und versuchen die erst einmal nicht zu bewerten, sondern nur zu schauen, was da so ist."

Dass Achtsamkeit schwer zu beschreiben ist und der Fokus jedes Einzelnen aufgrund eigener Erfahrung auf unterschiedlichen Aspekten liegt, wird anhand der Interviews sehr gut sichtbar. So ist es für den Einen ganz besonders wichtig, seine Gedanken und Gefühle nicht zu bewerten (vgl. Mia, Ina, Oskar, Peter) für den Nächsten ist es entscheidender sich aus automatischen Handlungen herausholen, um sich wieder daran zu erinnern, bewusst zu handeln (vgl. Harry, Friedrich, Ina, Patrick). Die folgende Abbildung zeigt, welche Aussagen über die Achtsamkeit getroffen wurden und gibt einen Überblick darüber, wie wichtig die einzelnen Aspekte für die Praktizierenden waren.

9 Für einen vollständigen Einblick in die unterschiedlichen Definitionen der Praktizierenden s. „Exkurs: Individuelle Definitionen zur Achtsamkeit"

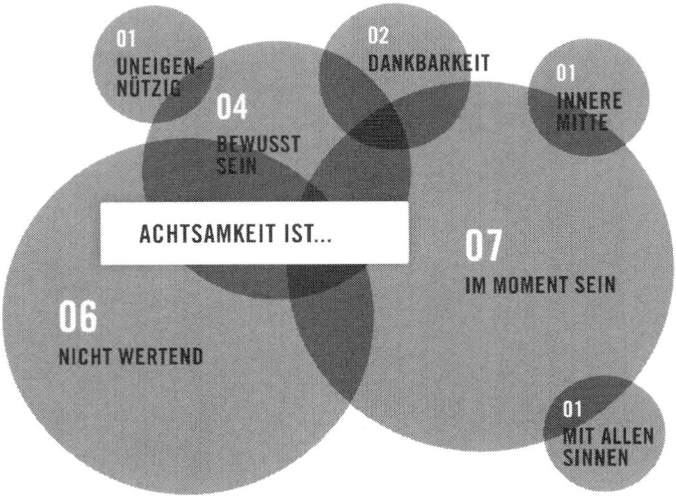

Abb. 7: Aussagen der zehn Praktizierenden auf die Frage „Was bedeutet Achtsamkeit für Dich?" (Eigene Darstellung)

Den Aspekt, den die meisten (7 von 10) Praktizierenden für wichtig hielten ist jenes „im Moment sein", d.h. die Gegenwart voll und ganz wahrzunehmen (vgl. Kabat-Zinn: „present moment"). Eine Person erwähnte hier explizit „mit allen Sinnen wahrnehmen". Am zweithäufigsten wurde erwähnt, dass Achtsamkeit beinhaltet, die Gedanken und Gefühle nicht zu beurteilen oder zu bewerten (vgl. Kabat-Zinn: „non-judgmentally"). Nur vier der zehn Interviewten, gingen darauf ein „bewusst" und absichtsvoll zu sein, bei dem, was man tut (vgl. Kabat-Zinn: „on purpose"). Interessant ist allerdings hier, dass für zwei der Praktizierenden, jenes „bewusste Handeln" ausreicht, um das ganze Konzept der Achtsamkeit zu beschreiben (vgl. Harry, Friedrich). Die drei etwas abweichenden Definitionen greifen noch ethische Aspekte auf. So definierten Lara und Frieda beispielsweise die Achtsamkeit maßgeblich darüber dankbar zu sein – Frieda spricht zusätzlich davon in ihrer „Mitte" zu sein. Für Patrick geht es bei der Achtsamkeit besonders darum, sich über sein Handeln bewusst und deshalb nicht egozentrisch zu sein.

6.1.2.3 Versuch einer eigenen Definition der Achtsamkeit

Die Interviews und die Literaturrecherche ließen erkennen, dass es nicht die eine korrekte Definition der Achtsamkeit gibt, da es sich bei dem Konzept um etwas handelt, was persönlich erfahrbar ist und sich mit zunehmender Vertrautheit verändert. Um dennoch eine etwas konkretere Definition für die weitere Forschung aufzustellen – die zehn individuellen Definitionen der Praktizierenden erscheinen hier nicht ganz ausreichend zu sein – wurden neben der Definition von Kabat-Zinn (1994) und dem Zwei-Komponenten-Modell von Bishop et al. (2004) weitere Definitionen gesichtet und analysiert (u.a. Bodhi 1984; Gunaratana 2001; Goldstein 2002; Brown und Ryan 2003, Grossman 2004, 2015; Kabat-Zinn 2005; Shapiro et al. 2006). Bei dieser Analyse ist herausgekommen, dass die unterschiedlichen Definitionen, Achtsamkeit durch fünf übereinstimmende Charakteristika beschreiben:

1. Achtsamkeit ist ein **Gewahrsein**/ eine Aufmerksamkeit,
2. es geht darum eigene **Erfahrungen zu beobachten**/ wahrzunehmen (Gedanken, Gefühle, Körperempfindungen, Sinneseindrücke, Objekte etc.),
3. es wird die **Gegenwart** beobachtet,
4. das Beobachten ist **bewusst**,
5. der Praktizierende nimmt eine spezielle **Haltung** ein (Akzeptanz, Offenheit, Geduld, Gleichmut, Neugier, Mitgefühl).

Ausgehend von diesen Charakteristika wird jene eigene Definition vorgeschlagen:

> Achtsamkeit beschreibt ein unvoreingenommenes Gewahrsein, welches sich durch das bewusste Beobachten eigener augenblicklicher Erfahrungen, in einer offenen, akzeptierenden und neugierigen Haltung kultiviert.

Zum leichteren Verständnis soll das hier dargestellte Modell (s. Abb. 8) dienen, das die drei Komponenten „Gewahrsein“, „Bewusstes Beobachten augenblicklicher Erfahrungen“ und eine „achtsame Haltung“ aufgreift.

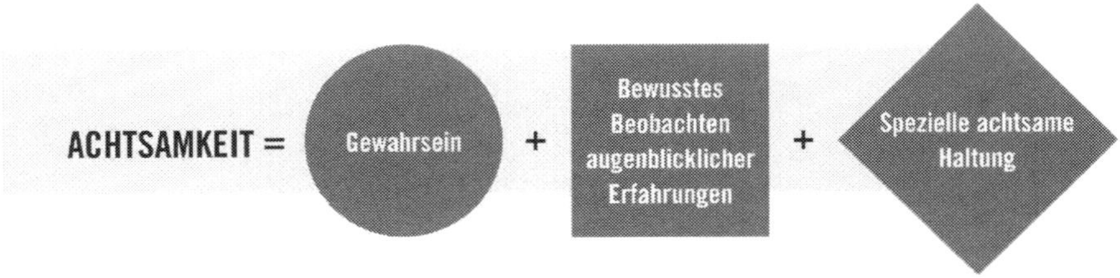

Abb. 8: Begleitendes Modell zur Arbeitsdefinition (Eigene Darstellung)

Gewahrsein (awareness) und Aufmerksamkeit (attention) finden in fast allen bestehenden Achtsamkeitsdefinitionen Beachtung. Für die eigene Definition wird hier jedoch der Begriff „Gewahrsein", statt Aufmerksamkeit, bevorzugt, da es sich bei der Achtsamkeit mehr als um die Aufmerksamkeitslenkung auf einen bestimmten Gegenstand handelt. Unvoreingenommenes Gewahrsein drückt hier besser das aus, wofür Achtsamkeit steht, nämlich offen und bewusst den Beobachtungen gegenüber zu sein, die im gegenwärtigen Augenblick erfahren werden.

Unter „Bewusstes Beobachten augenblicklicher Erfahrung" zählt sowohl das gegenwärtige Wahrnehmen innerer Gedanken, Gefühlen oder Körperempfindungen, als auch die Beobachtung von Sinneseindrücken durch äußere Reize.

Eine „achtsame Haltung" wird in der Literatur teilweise durch eine Vielzahl an Adjektiven beschrieben, um die im Buddhismus verankerten ethischen Aspekte zu vermitteln. In der hier vorgenommenen Definition wird die Haltung einfachheitshalber als offen, akzeptierend und neugierig beschrieben, sie orientiert sich also an der von Bishop et al. (2004) verwendeten Definition. Die Adjektive sind meiner Meinung nach bereits so gewählt, dass sie auch die Begriffe „mitfühlend" oder „geduldig", wie es Shapiro et al. (2006) vorschlagen, beinhalten. Auf den von Kabat-Zinn verwendeten Begriff des „nicht-wertens" wird hier bewusst verzichtet, da es nach Grossmann (2015) und auch dem interviewten Experten Lothar Schwalm hier häufig zu Missverständnissen kommt. Es geht nämlich nicht darum, Bewertungen zu unterdrücken oder alles als „okay" einzustufen, sondern darum gewahr im Umgang mit angenehmen, unangenehmen oder neutralen Empfindungen zu sein.

6.1.3 Zusammenfassung

Die begriffliche Herleitung zeigt sehr gut, dass es bei der buddhistischen Variante der Achtsamkeit um sehr viel mehr geht, als darum einfach „im Moment zu sein“, wie es heute häufig vereinfacht ausgedrückt wird. Vielmehr ist sie nach buddhistischer Tradition eingebettet in viele ethische und moralische Verhaltensanweisungen, die in dem heutigen Verständnis nicht mehr explizit genannt werden, da Kabat-Zinn das Konzept bewusst frei von Religiosität lehrte. Es konnte aufgezeigt werden, dass Achtsamkeit heute durchaus in einigen Fällen stark als ein Werkzeug vermarktet (vgl. Niklas Fehr) oder einfach anders interpretiert und medial verbreitet wird (vgl. Mareile Braun), sodass die Sorge um eine „Verwässerung“ des Konzepts (vgl. Lothar Schwalm) durchaus nachvollziehbar ist. Anhand der zehn Praktizierenden wurde jedoch deutlich, dass das Konzept nicht grundsätzlich falsch wiedergegeben wird. Vielmehr werden von den Personen unterschiedliche, individuelle Schwerpunkte auf die Praktik der Achtsamkeit gelegt. Jener Gegenwartsbezug (auch: „im Moment sein“) fand jedoch in den meisten Aussagen Anklang, was den Hintergrund dieser Arbeit stützt, dass der Mensch heute scheinbar vor lauter Hektik verlernt hat in der Gegenwart zu leben. In den nächsten Kapiteln soll stärker herausgestellt werden, aufgrund welcher Motive und in welchen Kontexten die Menschen heute meditieren. Dargestellt wird auch in wieweit dies noch Ähnlichkeiten zu dem in diesem Kapitel beschriebenen buddhistischen Hintergrund hat.

EXKURS

Individuelle Definitionen zur Achtsamkeit

„Achtsamkeit heißt einfach, dass ich mich in einem kurzen Moment aus automatischen Handlungen heraushole. Also wenn ich jetzt was schreibe, lese, stehe oder was auch immer, ist sehr viel Automatik drin, sind sehr viele Gedanken drin, in denen man sich verlieren kann. Und da immer mal wieder „rauszuhüpfen" und sich ganz kurz zu sagen: „Hier steh ich", „Hier gehe ich", „Hier sitze ich gerade", „Was denke ich gerade?", „Wie geht es mir gerade?" […], ich stell mir irgendwelche Fragen, die mich aber in den einen Moment holen oder ich gucke schnell mal auf meinen Atem und überlege, wie er sich anfühlt. Das geht meistens in ein bis zwei Sekunden und das ist für mich Achtsamkeit. Mich immer wieder aus dem Denken und der Automatik herauszuholen und mich von außen, von oben nach unten ganz kurz zu beleuchten. Und dann bewusster einfach wieder weiter zu machen." (Friedrich)

„Also im Hier und Jetzt sein und nicht an die Vergangenheit oder Zukunft denken und das Hier und Jetzt nicht bewerten. Und wenn irgendwas passiert und ich schlechte Laune habe, dass ich nicht den ganzen Tag schlechte Laune habe, sondern jeden Moment wieder neu bewerte, ohne den Vorherigen zu kennen. Immer wieder neu im Jetzt sein." (Mia)

„Achtsamkeit hat für mich etwas mit Bewusstsein zu tun. Überwachen. Dass man sich über jede Handlung und auch Gedanken bewusst ist. Also, dass nicht einfach irgendwas geschieht, sondern dass man beobachtet, was geschieht." (Harry)

„Ich glaube Achtsamkeit bedeutet für mich dankbar zu sein. Dass man schätzt, was man hat und sieht, was um einen herum ist und nicht blind durch die Gegend läuft, also gar nicht mehr realisiert, wie gut es einem geht." (Lara)

„Ich würde sagen Achtsamkeit ist eine Form der Aufmerksamkeit, also so ein Geisteszustand, eine Haltung, ein Bewusst-Werden, ein ganz im Hier und Jetzt im „Moment-da-sein" und Sachen aufzunehmen und versuchen die erst einmal nicht zu bewerten, sondern nur zu schauen, was da so ist." (Ina)

„Ich glaube das geht ganz kurz: Die Fähigkeit auf neutrale Weise beobachten zu können. Ohne es geistig oder körperlich zu bewerten, also nicht gleich zu reagieren. Sondern, dass ich erstmal nur die Fähigkeit habe so viel wie möglich wahrzunehmen und dabei auch bleibe, ohne abgelenkt zu werden und das nicht bewerte." (Oskar)

„Für mich ist Achtsamkeit in erster Linie, […] eine Außenposition beziehen zu können und nicht wertend zu sein. Man sagt immer „im Moment sein", was es zwar relativ umfassend, aber oberflächlich beschreibt, finde ich. Das „im Moment sein" beziehe ich persönlich viel stärker auf mein Inneres, als auf mein Äußeres. Also beispielsweise zu merken, was der Sonnenuntergang mit mir macht. Was macht der mit meinen Gefühlen, mit meinem Körper und mit meinem Befinden? Das ist für mich „im Moment sein" und das auch ohne Bewertung wahrzunehmen. Also zu merken, dass da gerade Angst entsteht, die dann zu einer Nervosität führt. Sich das einfach nur anzugucken, ohne zu sagen: „Ach, scheiße!", und daraus eine Story zu bauen. Das ist für mich achtsam. Oder man hat einen Schmerz, in den man sich nicht reinsteigert, sondern den als Teil von sich annimmt." (Peter)

„Im Moment zu sein. Gedanklich bei dem zu sein, was gerade genau passiert, ohne dabei an die Zukunft oder Vergangenheit zu denken. Und speziell auf den Sinn bezogen. Man kann sich auch sehr auf das Gespräch konzentrieren, aber ich finde man sollte nicht vernachlässigen, was man gerade schmeckt, hört, sieht und fühlt." (Kaspar)

„Don't fuck yourself - das verstehe ich unter Achtsamkeit. […] Dass du nach außen versuchst nichts Schlechtes zu tun… Also versuche nichts zu machen, was nach Ego-Scheiße aussieht… Bewusstes Handeln, soweit wie möglich." (Patrick)

„Grob gesagt, ist für mich Achtsamkeit, dass ich in meiner Mitte bin und dann auch nur in dem Moment bin und diesen auch wertschätze. Dankbarkeit verbinde ich ganz stark mit Achtsamkeit, weil ich auch merke, dass man durch mehr Achtsamkeit zu mehr Dankbarkeit kommt." (Frieda)

EXKURS

6.2 Hintergrund & Motive der Achtsamkeit

In diesem Kapitel soll es darum gehen, zu verstehen, warum die Menschen heute eine sehr alte buddhistische Praxis für sich entdecken. Dafür wird zunächst eine Einschätzung der Experten über den heutigen gesellschaftlichen Hintergrund wiedergegeben. Im Anschluss soll eine Hypothese mithilfe der in der ersten Forschungsphase gewonnenen Erkenntnisse aufgestellt werden, welche darauffolgend durch die Gespräche mit den Praktizierenden überprüft wird. Das Ziel des Kapitels ist die Entwicklung eines Modells, welches die unterschiedlichen Motive aufzeigt und zum Schluss interpretiert werden soll.

6.2.1 Gesellschaftlicher Hintergrund

Die im Eingang dieser Arbeit aufgestellte Vermutung, Menschen entdecken heute die Meditation aufgrund der Empfindung einer starken Beschleunigung, wurde durch alle drei Experten gestützt. Laut der Experten bietet die Achtsamkeit eine Art Antwort, eine Kompetenz, um mit den Unsicherheiten des heutigen schnellen Wandels umgehen zu können.

Mareile Braun spricht in dem Zusammenhang von einem „menschlichen Überlebens-Bedürfnis", das darin bestehe sich Sicherheiten zu schaffen. Yoga bietet sich ihr zufolge besonders gut dafür an, weil es darum geht, sich selbst, aber auch die Außenwelt wahrzunehmen:

„Ich glaube die Grundstimmung, wenn man auf die Gesellschaft schaut oder die politische Weltlage, ist Verunsicherung. […] Damit geht auch Rückzug einher. […] Die Leute sind schon interessiert, aber sie haben eben auch ein menschliches Überlebens-Bedürfnis für sich Sicherheiten zu schaffen und Situationen und Umfelder zu schaffen, in denen sie gut funktionieren können, in denen sie gut leben und ihren Aufgaben nachkommen können, aber in denen sie auch Freude genießen und mit anderen zusammen sein können. Yoga […] ist eine Form der Konzentration auf sich selbst […], die aber den Kontakt zu einem größeren Ganzen gleichzeitig mit sich bringt."

Lothar Schwalm spricht in dem Zusammenhang von dem menschlichen Bedürfnis nach Geborgenheit, das sich durch das Praktizieren von Achtsamkeit kultivieren ließe:

„[Achtsamkeit] ist eine wesentliche Kompetenz mit Unsicherheit umgehen zu lernen. Eben halt bestimmte Dinge nicht unter Kontrolle zu haben. Das dann auch zu akzeptieren und dann trotzdem eine innere Ruhe zu finden und sich darin nicht zu verlieren, und das ist, glaube ich auch einer der Gründe, warum so viele Leute Meditation suchen, weil sie merken: „Was soll ich denn machen? Ich kann diese wahnsinnig schnellen Wechsel nicht beeinflussen, da bin ich ausgeliefert." [...] In einer einzigen Generation passieren so viele Wechsel. Da hat es früher 200 Jahre gedauert, bis sich da mal was verändert hat und damit muss ein Mensch erstmal klarkommen. Ich glaube da ist sowas wie, auch Religion sicherlich oder auch die ganzen Radikalisierungen, dass die Leute irgendwas suchen, wo sie wieder Struktur reinkriegen und sich festhalten können. Das Schöne bei Achtsamkeit ist: Es geht eben nicht um's Festhalten, sondern eben darum „mitzusurfen"... mitzusurfen mit dieser ganzen Unsicherheit. Eine Art Geborgenheit in der Unsicherheit zu finden."

Als dritter Experte ist Niklas Fehr der Ansicht, dass der technologische Fortschritt weiter zunehmen wird und die Menschen deswegen Strategien brauchen, um mit diesem Wandel umzugehen:

„Es gibt im Moment keine Anzeichen, warum sich diese Beschleunigung, die wir erfahren, diese Informationsflut und der technologische Fortschritt, warum der abnehmen sollte. Der nimmt eher zu – das ist die wahrscheinlichere Variante. Immer mehr Input. [...] Irgendwie muss man damit umgehen [...]. Das kannst du nur durch Schulung, durch sinnvollen Umgang mit diesen Informationen machen."

6.2.2 Was sind die Motive hinter der Achtsamkeit? – Untersuchung

Rosa (2016 b) kritisiert, das Konzept Achtsamkeit fungiere nur als eine Art Werkzeug zur Steigerung der Produktivität. Menschen würden heute meditieren, um in der beschleunigten Welt noch fitter, noch produktiver und leistungsfähiger mithalten zu können (ebd.). Auch der vom *Harvard Business manager* veröffentliche Artikel „Taugt Achtsamkeit zur Selbstoptimierung?" (Höhmann 2017), lässt erkennen, dass es zumindest dieses Bild der Achtsamkeit, als ein Werkzeug zur Optimierung, gibt. Lothar Schwalm und Niklas Fehr gehen allerdings davon aus, dass dieses Interesse bei nur einem kleinen Teil der Praktizierenden verfolgt wird:

„Das ist wirklich eher – aus unserer Beobachtung – ein kleiner Teil, der sagt: „Ich möchte mich selbst optimieren. Mir geht es eigentlich gut, es ist alles cool. Ich hab gehört, wenn ich meditiere, bin ich noch fokussierter und kann deshalb erfolgreicher im Job sein." (Niklas Fehr)

Und Lothar Schwalm weist die Kritik gänzlich zurück und erklärt, dass es bei der Achtsamkeit gar nicht darum ginge, leistungsfähiger zu werden:

„[Eine Steigerungsmethode] ist es nicht. Das ist es jedenfalls bei mir nicht und ich mache, bevor ich das mache, bevor ich die Motive überhaupt abfrage, gebe ich den Leuten schon eine Art Produktinformation, dass es das auch nicht sein kann. Wenn jemand zu mir kommt und sagt: „Ich mache zu viel auf einmal und bekomme mein Zeitmanagement nicht hin", der Nebeneffekt mag sein, dass ich es auch besser geregelt kriege, wenn ich meditiere, aber es ist nicht vergleichbar mit einem Stressbewältigungskurs, wie Zeitmanagement, das kann man nicht vergleichen sowas."

Tatsächlich kommen Lothar Schwalm zufolge einige Interessierte mit den „üblichen Päckchen" zu ihm in den Kurs, sprich sie möchten „besser schlafen", „weniger grübeln" und „nicht so negativ sein", jedoch stellt sich nach einem längeren Gespräch heraus, dass sie sich eigentlich nach innerer Ruhe sehnen:

„Ganz viel Ruhe wollen die Leute, aber so eine innere Ruhe [...]. Innere Zufriedenheit, also Frieden, mit sich und dem Leben und Lebendigkeit und mit sich selber besser klarkommen, sich selber besser wertschätzen zu können. Das sind eher so ganz grundsätzliche Themen und gar nicht so sehr, dass ich mit der Arbeit besser klarkomme oder die Beziehung nicht gut läuft und ich mich so viel ärgere, sondern das sind eigentlich fast durchgängig ganz grundsätzliche Wünsche und das ist auch das, um was es eigentlich geht."

Im Folgenden soll der Aspekt der Motivation hinter der Achtsamkeitsmeditation nun an den zehn Praktizierenden untersucht werden. Ausgehend vor dem Hintergrund einer zunehmenden Beschleunigung und dem von Lothar Schwalm beschriebenen Bedürfnis der Personen, stärker innere Ruhe zu kultivieren, lautet die Annahme:

> Heute praktizieren die Menschen Achtsamkeit
> mit dem Motiv zur inneren Ruhe zu kommen.

6.2.3 Was sind die Motive hinter der Achtsamkeit? – Ergebnis

Das Ergebnis der Untersuchung zeigt tatsächlich, dass es den meisten der Praktizierenden (8 von 10) in irgendeiner Weise darum geht, innerlich Ruhe zu erfahren. Auf die offenen Fragen: „Welche Erwartungen hattest Du, als Du mit der Achtsamkeit angefangen hast?", „Meditierst Du heute noch aus denselben Gründen?", und „Warum meditierst Du heute?", werden aber neben diesen Gründen auch von vier Personen Motive genannt, die davon handeln, fokussierter, konzentrierter und stressresistenter werden zu wollen, Motive also, die in die Richtung der von Rosa kritisierten Produktivitätssteigerung gehen. Auffällig war es hier, dass das Motiv „zu sich kommen" ein stärkeres Thema bei Frauen zu sein scheint und „fokussierter, produktiver, konzentrierter" zu sein, hingegen Punkte sind, die ausschließlich von Männern erwähnt wurden. Für eine Validierung dieser Beobachtung reichen jedoch zehn Interviewgespräche nicht aus – eine Studie mit einer höheren Teilnehmerzahl wäre diesbezüglich sehr interessant und zur Erreichung einer statistischen Signifikanz auch notwendig. Um aber einen Einblick in diese Erkenntnisse zu bekommen, sollen hier beispielhaft einige Aussagen genannt werden.

Oskar, 31, der seit zwei Jahren Yoga macht, doch erst seit einem Monat intensiv – durch einen 10-tägigen Klosterbesuch bei Buddhisten in Portugal – meditiert, beschreibt seine Motive wie folgt:

„Die größte Erwartung war eigentlich so ein bisschen aufzuräumen und ein bisschen mehr Ruhe in den Kasten da oben reinzubringen und mit mir selber noch ein bisschen freundlicher zu sprechen, also irgendwie in den Gedanken, die ich im täglichen Handeln habe. Meine Erwartung war dann eben zu mehr […] Gelassenheit, Freundlichkeit, Ruhe, Offenheit [zu kommen]."

Peter, 30, der seit 3,5 Jahren meditiert, verfolgt Achtsamkeit anders als zu Beginn heute nicht mehr nur aus dem Motiv heraus innerlich ruhiger zu werden, sondern um seine Gedanken besser zu akzeptieren:

„Damals war mein Motiv einfach innerlich zur Ruhe zu kommen und diesen kleinen Menschen im Kopf einfach mal zur Ruhe kommen zu lassen. Heutzutage ist das schon noch immer irgendwie ein Motiv, aber ich habe jetzt schon akzeptiert, dass man diese Ruhe nicht erzwingen kann, die ich damals mit der Achtsamkeit verfolgt habe […]. Es ist nicht mehr das Ziel innerlich ruhig zu

werden, sondern eine Distanz zu meinen negativen Gedanken aufzubauen. [...] Auch die Gedanken akzeptieren, die gerade da sind, aber sie nicht zu dramatisieren.“

Der Aspekt, sich bewusst Zeit für sich zu nehmen, um zu sich zu kommen, so wie es Chefredakteurin Mareile Braun schon beschrieb, wird in den Interviews von vier Personen erwähnt. Beispielhaft sollen hier Lara und Harry zitiert werden:

„Ich mach das nicht so regelmäßig, sondern immer dann, wenn ich das Gefühl habe, ich muss zu mir finden oder ich muss an mich denken. [...] Ich denke, ich bin ein Mensch, der sich viel um andere kümmert und sich selbst dabei vergisst. [...] Mir hilft [Achtsamkeit] auf mich zu achten und in mich reinzuhören.“ (Lara, 26)

Harry, 55, erzählt von der Beobachtung, die er und seine Frau während ihrer Krebserkrankung machten. Seine Frau habe sich als Hebamme sehr stark für andere Frauen engagiert, doch sich dadurch selbst ein Stück weit vergessen. Während der dreieinhalb jährigen Krankheit hat Harry sie begleitet und versucht mit Yoga und Achtsamkeit daran zu arbeiten:

„Meine Frau, sie war eine engagierte freiberufliche Hebamme, war immer für die Frauen da [...] und für sich selbst hatte sie kaum was gemacht. Sie ist ein bisschen geritten und hat sich mit Freunden getroffen, aber sie hatte immer das Handy dabei und wenn eine Frau anrief, war sie 100% da. Da habe ich für mich erkannt, dass sie jetzt was vernachlässigt hat und zwar sich selbst. Wir haben dann gemeinsam versucht da etwas auszugleichen. Ich weiß nicht, ob es was genutzt hat, denn sie hat ja noch dreieinhalb Jahre gelebt. Es hätte ja sein können, dass sie nur noch ein oder zwei Jahre gelebt hätte unter normalen Umständen. Das weiß man ja auch nicht. Auf jeden Fall habe ich das für mich erkannt, dass ich in der Beziehung auch achtsamer sein muss, was mich betrifft. [...] Also, dass man für andere da ist, aber sich selbst nicht aus den Augen verliert. Ich denke manchmal, dass das normale Leben wie ein Hamsterrad ist. [...] Morgens aufstehen, sich irgendwas reinschmeißen oder auch nicht, dann zur Arbeit, dann nach Hause kommen, etwas einkaufen, essen, kochen und sich auf die Couch hauen. Wenn man Kinder hat, noch nach Hausaufgaben fragen und sich dann vom Fernseher berieseln lassen und am nächsten Tag geht's weiter. Aus diesem unbewussten Leben wollte ich raus.“

Auch Friedrich, 58 Jahre, mit 22 Jahren Meditationserfahrung, wendet die Achtsamkeit an, um zur Ruhe zu kommen, doch eigentlich geht es ihm um mehr als das, nämlich auch darum, sein Leben bewusst zu führen:

„Heute meditiere ich in erste Linie, um ein bewusstes Leben zu führen. Früher habe ich meditiert um runterzukommen. Das tu ich heute natürlich auch hin und wieder noch. Das kann man gar nicht verleugnen, wenn man dann sieht: „Meine Güte, ist das ein Stress! Jetzt muss ich irgendwie runterkommen!" Und dann mache ich meine Achtsamkeitsübung aus dem Grunde, aber es ist heute einfach viel, viel mehr. Dieses bewusste Leben. Ich bin fokussiert, konzentriert – das sind die wesentlichen Punkte, die mich da treiben."

Neben dem Aspekt, auf eine Weise zu mehr innerer Ruhe und Gelassenheit oder zu einer bewussteren Lebenseinstellung zu kommen, geht es, wie man an Friedrichs Aussage sehen kann also auch um Fokus und Konzentration. Auch andere Praktizierende erwähnen, dass die Achtsamkeit ihnen dabei helfe:

„Eine Sache, die mir glaube ich auch die Achtsamkeit gibt und was für mich mittlerweile auch zum Motiv geworden ist, ist dass es mich viel fokussierter sein lässt. Wenn ich arbeite, dann arbeite ich fokussiert und wenn nicht, dann will ich auch fokussiert nicht arbeiten. Ich ziehe schon stärkere Cuts." (Peter, 30)

„Auf jeden Fall strukturiertere Gedanken und Fokus auf das Wichtige." (Patrick, 32)

Kaspar, 38, der seit einem halben Jahr mit der App *Headspace* meditiert, antwortet auf die Frage, welche Erwartungen er an die Achtsamkeit hat:

„Ich glaube bestimmt stressresistenter werden. Und wahrscheinlich besser schlafen, glücklicher sein – ja, das sind so die drei Hauptsachen, die mir einfallen."

Auf die Frage, ob er Achtsamkeit im Arbeitskontext anwendet, bestätigt er dies, indem er sagt, dass er durch die Achtsamkeit weniger Schlafprobleme habe und somit am nächsten Tag effizienter arbeiten könne:

„Zumindest der Schlaf ist bei mir so ein Thema. […] Ich finde das eben gut, wenn ich besser schlafe, weil ich am nächsten Tag besser performen kann, muss ich ehrlich sagen. Ich mach das jetzt nicht nur so, aber es ist sicher eine Komponente der Motivation."

Trotz dieser zuletzt genannten Aussagen schließe ich mich Rosa's Kritik, die Menschen würden Achtsamkeit nur nutzen, um möglichst noch produktiver arbeiten zu können, nicht an. Wenn die Achtsamkeit neben anderen positiven Auswirkungen (s. dazu das Kapitel 6.4 „Auswirkungen der neuen Achtsamkeit") den Praktizierenden auch dabei hilft, bei der Arbeit fokussiert zu sein oder besser schlafen zu können, dann ist das nicht grundsätzlich negativ zu bewerten. Auf die Frage, was genau der Auslöser dafür war mit der Meditation anzufangen, ging es bei Keinem der Praktizierenden darum sich selbst zu optimieren. Tatsächlich handelt es sich bei der Hälfte der Befragten um sehr ernste persönliche Schicksale, mit denen versucht wurde, durch die Achtsamkeit besser umzugehen. So beschreibt Friedrich, er habe durch die Meditation „survived", da der Stress ihn „ausgebrannt" habe. Auch Lara sagt, sie sei sehr unglücklich und gestresst gewesen, Peter litt jahrelang an negativen Gedankenspiralen, Mia hat schwere chronische Schmerzen und Harry und seine Frau sahen die Achtsamkeit als eine Möglichkeit, um mit der Krebserkrankung anders umzugehen.[10]

6.2.4 Modell zur Paradoxie der Motive

Kommen Widersprüche in einem Trend vor, hat der Trend gemäß Liebl (2008: 87) besonders gute Erfolgschancen. Tatsächlich ist die Erwartungshaltung an die Methode Achtsamkeit zumindest teilweise von den paradoxen Motiven gekennzeichnet einerseits „Ruhe" bei gleichzeitiger „Leistung" zu erzielen. Abbildung 9 zeigt die Motive der Achtsamkeit heute, die einerseits – und überwiegend – darin bestehen eine innere Ruhe, die durch Offenheit, Akzeptanz, Gelassenheit, Freundlichkeit und Zufriedenheit gekennzeichnet ist, zu kultivieren, aber andererseits auch den mitschwingenden Aspekt der „Leistungssteigerung" aufzeigt. Achtsamkeit wird nämlich zumindest teilweise auch praktiziert, um konzentrierter, fokussierter, stressresistenter oder strukturierter zu handeln.

Jene widersprüchlichen Motive spiegeln sich besonders in der Figur des „achtsamen Managers", den die Zeitschrift *Harvard Business manager* in ihrer Januarausgabe beschreibt, wider. Zwar verändert sich zunehmend das klischeebelastete Bild eines Chefs, der als cholerisch, profitgetriebenen, gefühlskalt gilt – dennoch scheinen auch die Adjektive, die eine achtsame Haltung als „neugierig", „akzeptierend", „offen", „mitfühlend" oder „geduldig" kennzeichnen, noch nicht voll und ganz für die Beschreibung der Managereigenschaften zuzutreffen.

---

[10] Die anderen 5 Interviewpartner gaben an keine speziellen Auslöser zu haben. Durch Yoga (Oskar, Frieda), das Psychologiestudium (Ina), Langeweile durch einen Unfall (Kaspar) oder einem *TED* Talk über die App *Headspace* (Patrick) wuchs stattdessen das Interesse nach und nach für die Achtsamkeit.

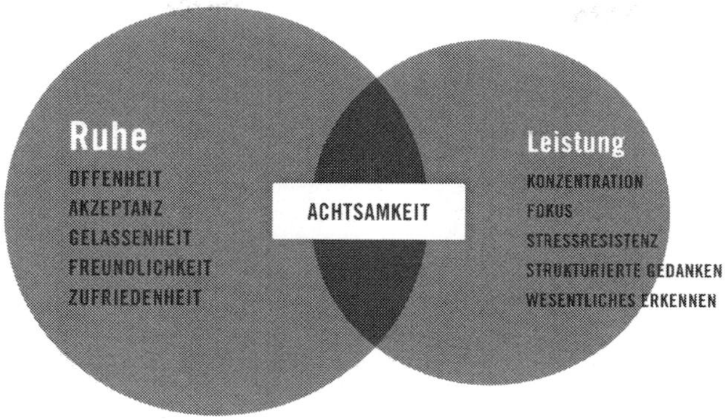

Abb. 9: Die im Rahmen der Interviews herausgearbeiteten Motive hinter der Achtsamkeit (Eigene Darstellung)

Dass heute aber Zeitschriften, wie die *Harvard Business manager* jenen Typus beschreiben (s. Cover), zeigt, dass sich die Meditation gerade ein Stück weit von ihrem – für viele als sehr negativ beladenen – esoterischen Image befreit. So hat Kaspar, einer der Praktizierenden, der bei *BCG* als Unternehmensberater tätig ist, von einer Taxifahrt berichtet, in der er und seine Kollegen unabhängig voneinander für 10min. meditiert haben. Die Arbeit des in der Zeitschrift porträtierten „Businessgurus" Michael Roach, wird als eine Verbindung aus „Esoterische[n] Klänge[n]" und „knallharte[m] Business" beschrieben. Doch vielleicht hat die Zeitschrift eine entscheidende Veränderung noch nicht bemerkt: Weder muss es sich bei der Achtsamkeit heute um eine esoterische Beschäftigung handeln (s. dazu bspw. Apps wie *Headspace* oder *7mind* oder aber auch eher klinische MBSR-Kurse) noch ist das „knallharte Business" heute nur noch von einer ausschließlichen Ellbogenkultur geprägt.

6.3 Das Neue an der Achtsamkeit

In seinem Essay „Über das Neue - Ein Versuch einer Kulturökonomie“ beschreibt Philosoph und Kunsttheoretiker Boris Groys (1992: 14) das Neue, als eine Umwertung der Werte: „Die Innovation besteht nicht darin, daß etwas zum Vorschein kommt, was verborgen war, sondern darin, daß der Wert dessen, was man immer schon gesehen und gekannt hat, umgewertet wird.“ Außerdem sieht Groys Potenzial in der Auf- und Abwertung des Alten. Ihm zufolge entsteht Neues dann, wenn „das als wertvoll geltende Wahre oder Feine abgewertet und das früher als wertlos angesehene Profane, Fremde, Primitive oder Vulgäre aufgewertet“ wird (ebd.). Als Beispiel nennt er u.a. das Ready-made von Michel Duchamp. In dem Moment, indem Duchamp ein Urinal in den Kontext eines Museums bringt, entsteht etwas Neues: ein profaner Alltagsgegenstand wird zu einem Kunstwerk erhoben. Das Faszinierende, das Neue entsteht durch die Neukombination und Kontextverschiebung von bereits vorhandenem. Laut Groys beschränkt sich diese Auffassung des Neuen jedoch nicht allein auf den Kunstbereich. Vielmehr kann jene Kontextverschiebung als gängiges Modell zur Beschreibung einer kulturellen Innovation fungieren (vgl. Groys 1992). Dieses Prinzip greift Liebl auf und erklärt, dass ein Trend die Eigenschaft erfüllen muss, eine oder mehrere Kontextgrenzen zu überschreiten (vgl. Liebl 2000: 63).

Diesem Verständnis eines Trends wird in diesem Kapitel gefolgt. Daher soll untersucht werden, ob es sich bei der Achtsamkeit tatsächlich um einen Trend handelt, bei dem Kontexte verschoben und überschritten werden. Mithilfe der Experten soll versucht werden, zu identifizieren, was das Neue, das Faszinierende an der Achtsamkeit ist, um dies dann wieder mit der Meinung der zehn Praktizierenden zu verifizieren. Zuletzt bildet ein Modell den Neuheitswert der Achtsamkeit ab.

6.3.1 Was ist das Neue an der Achtsamkeit? – Untersuchung

Die Beschreibung der Achtsamkeit als eine östliche Tradition im Westen, bei der lediglich das Konzept über den Ozean transportiert wird, lehnt Stefan Schmidt (2011: 36) ab. Vielmehr handle es sich ihm zufolge um eine östliche Technik, die mit westlichen Motiven verschmilzt, welche eine völlig neue Bewegung bildet (ebd.). Ich schließe mich diesem Verständnis über die Achtsamkeit im Westen an, gehe jedoch noch einen Schritt weiter: Im Gegensatz zum Buddhismus, in dem die Achtsamkeit umgeben von ethischen Verhaltenslehren vor allem als eine generelle Lebensweise verstanden wird, dessen Ziel die Erlösung ist, handelt es sich im Westen häufiger um eine Praktik, die der Kultivierung innerlicher Ruhe und teilweise auch der Steigerung von Leistungsfähigkeit dient. Dies ist eine offensichtliche Kontextverschiebung, die vor allen in den Motiven verankert ist. Es handelt sich aber, meines Erachtens, heute nicht um ein erstmaliges Trendaufkommen. Yoga und Meditation erlebte bereits eine Blütezeit in den 60er und 70er Jahren. Die Kontexte der buddhistischen Tradition wurden also schon einmal in den Westen hin verschoben. Das bedeutet, dass das hohe Interesse nach Meditation und Yoga im Westen eigentlich nicht grundsätzlich neu ist. Schaut man jedoch genauer hin, handelt es sich heute dennoch auch um etwas Neues, denn die Rahmenbedingungen, unter denen wir heute meditieren – und es dabei auch noch heute „Achtsamkeit" anstelle von „Meditation" nennen – haben sich von denen geändert, vor welchen sie in den 60er Jahren Anwendung fanden. Der Trend erfährt also vielmehr ein Revival, als eine völlig aus dem Boden neu entstandene Innovation. Revivals zeichnen sich nämlich gerade dadurch aus, „daß sie nicht einfach Jahre später Altes in identischer Form wiederauftreten lassen, sondern es in einen ansonsten aktuellen Kontext bzw. eine zeitgemäße Formsprache einbetten.", (Liebl 2000: 64).

6.3.1.1 Das Revival der Meditation

Obwohl es die buddhistische Meditation schon seit ca. 2.500 Jahren gibt, wurde sie bis Mitte des zwanzigsten Jahrhunderts nur in Asien ausgeübt. Mit der Möglichkeit des preiswerteren und weniger zeitaufwendigen Reisens gelangte die Meditation in den 1960er Jahren in den Westen. Der aus Indien stammende Begründer der transzendentalen Meditation Maharishi Mahesh Yogi hatte maßgeblichen Einfluss auf den damaligen Meditations-Trend (vgl. Ott 2010: 152 f.; Iwamura 2012). Heute ist er besonders als der „Beatles-Guru" bekannt, da ihm die Popband im Jahr 1968 für ein paar Wochen nach Indien folgte, um die transzendentale Meditation zu lernen. Die Hippiebewegung nahm die neue Geisteslehre an, es wurde zunehmend angesagter zu meditieren. Maharishis Gesicht war auf den Covern großer US-amerikanischer Zeitschriften, den Titelseiten der Zeitungen und im Fernsehen. Meditation kam aus der

Nische und wurde zum Mainstream. Diese Trendlinie erreichte 1975 ihren Höhepunkt, als Maharishi zwei Mal Merv Griffins Talkshow (damals so bekannt wie heute die Oprah Winfrey Show) mit Wissenschaftlern und meditierenden Promis wie Clint Eastwood und Mary Tyler Moore besetzte (vgl. Iwamura 2012).

Heute ist die Praktik durch zahlreiche Experimente von einer starken Wissenschaftlichkeit geprägt. Ein Vergleich der Zeitschriften Cover aus dem Jahr 1975 mit den Titelblättern von heute macht den Imagewechsel, den die Meditation bzw. das Yoga neuerdings durchlebt sehr gut erkennbar. Im Folgenden sollen die beiden Cover vom *Time Magazin* und vom *Spiegel* als Beispiel dienen (vgl. Abb. 10 und 11).

Das neue *Time Magazine* aus 2014 lässt jegliche Klischees der Meditation – in Form von Farben, wie orange, violett, pink oder Blumen und einer „Guru-Figur" – hinter sich und zeigt mit einer in sich gekehrten Frau, die nichts macht außer tief einzuatmen, dass die Meditation heute losgelöst von ihrer aus Asien kommenden Geschichte und auch losgelöst von der esoterischen Auffassung der 70er Jahre, praktiziert werden kann. „Meditation" wurde zu „Mindfulness" – hier liegt sicherlich auch ein wichtiger Aspekt, der diese Loslösung der Klischees möglicherweise erst möglich gemacht hat.

Abb. 10: Cover des *Time Magazins* im Vergleich (links: 1975, rechts: 2014)

Ein Blick auf die Titelblätter des *Spiegels* zeigt ebenso eine starke „Entzauberung" der esoterischen Praktik. Besonders spannend ist hier jedoch die klare Verschiebung in den Arbeits- und Gesundheitskontext. Das „Heil aus dem Osten", das 1975 noch in violett, mit verschnörkelter Schrift vermarktet wurde, darf heute als „Medizin" in einem hellen grün verkauft werden. Bei den Beobachtungen in den Meditationszentren (s. Exkurs „Beobachtungen") nahm allerdings keiner der Praktizierenden den klassischen Lotussitz ein, sondern einfach einen Schneidersitz. Das Magazin spielt also nach wie vor mit einem Klischee, um vielleicht auch den starken Kontrast zweier scheinbar nicht vereinbarer Welten – Businesswelt einerseits und Meditation andererseits – zu verdeutlichen.

Abb. 11: Cover des *Spiegels* im Vergleich (links: 1975, rechts: 2013)

6.3.1.2 Expertenvermutungen über die heutige Faszination

Was ist es, das die Menschen heute an Achtsamkeit fasziniert? Worin besteht heute das Neue, das den Trend nach Liebl erst zu einem echten Trend werden lässt? Um dies zu beantworten, wurden zusammen mit den Experten vier maßgebliche Aspekte herauskristallisiert, welche Gründe für die hohe Nachfrage darstellen können. Diese Vermutungen sind einerseits davon geprägt, dass sie neu im Vergleich zu ihrem buddhistischen Ursprung, aber auch neu sind im Vergleich zu dem Interesse für Meditation in den 60er und 70er Jahren. Die Annahmen lauten:

Heute faszinieren die Menschen besonders vier Aspekte an der Achtsamkeit:

1. Sie wird in einer säkularisierten Version verstanden und praktiziert
2. Ihre Effekte sind wissenschaftlich erwiesen
3. Sie ist erfahrbar
4. Ihr Ursprung liegt im Buddhismus

Diese Vermutungen werden hier kurz erläutert und im Anschluss an den Aussagen der Praktizierenden gemessen. Für ein besseres Verständnis soll das vorläufige Modell in Abbildung 12 die vier Komponenten, zur heutigen Faszination der Achtsamkeit abbilden:[11]

[11] Die einzelnen Punkte lassen zwar eine Mischung zwischen eher rationalen Aspekten einerseits und Aspekten eher spiritueller Natur andererseits deutlich werden, jedoch wird aufgrund der Schwierigkeit des Begriffs „Spiritualität" – da kaum einheitlich definierbar und häufig negativ konnotiert – hier keine exakte Grenze zwischen den beiden Kategorien gezogen. Insbesondere der Aspekt „Erfahrung" kann als etwas Spirituelles, aber auch frei von jeglicher Spiritualität gesehen werden. Praktizierende, die sich klar von der Spiritualität abwenden, aber die Erfahrung, die sie bei der Meditation machen, schätzen, wären somit nur unzureichend auf die Seite der „Rationalität" oder der „Spiritualität" einzuordnen. In dem Kapitel 6.3.2 wird jedoch noch einmal auf die Problematik des Verständnisses des Begriffs „Spiritualität" eingegangen.

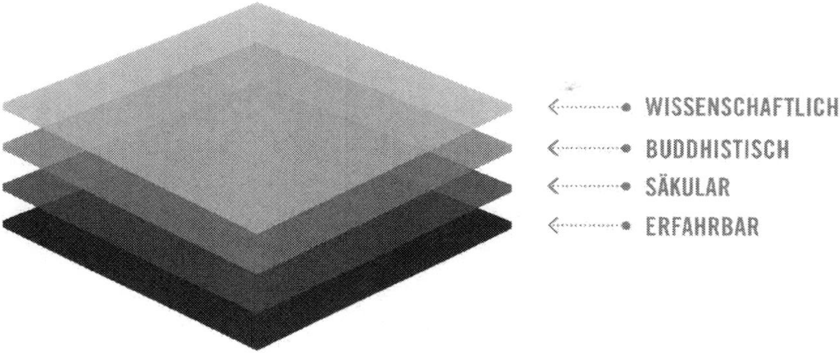

Abb. 12: Vorläufiges Modell zur heutigen Faszination für das Konzept Achtsamkeit (Eigene Darstellung)

1. **Die Achtsamkeit ist beliebt, da sie in einer säkularen Version verstanden und praktiziert wird:**

Während die Menschen früher in ihrem Glauben im System ihrer Familie sozialisiert wurden und gewöhnlich in diesem Kontext blieben, führt die Individualisierung in Westeuropa zu einer zunehmenden Säkularisierung. Lothar Schwalm sieht einen Vorteil darin, dass die Achtsamkeit eben keine Religion ist und daher von jedem praktiziert werden kann. Heute ist das Meditieren außerdem leichter zugänglich geworden, es bedarf durch die Digitalisierung weder eine Reise nach Asien, die Teilnahme an einem Schweigeretreat oder dem Anschluss an eine Gemeinde. Stattdessen kann man heute ortsunabhängig, individuell und flexibel das Meditieren u.a. via Apps oder *YouTube* Kanäle lernen und praktizieren.

2. **Die Methode wird geschätzt, da sie wissenschaftlich fundiert ist und messbare Ergebnisse zeigt:**

Seit der Aufklärung betrachten Wissenschaftler Religion und Esoterik als Ausdruck eines unreifen, kindlichen Geisteszustands der Menschheit, den es auf dem Weg zu einer modernen, aufgeklärten Gesellschaft zu überwinden gelte (vgl. Höllinger 1999: 51). Persönlichkeitsmerkmale religiöser Menschen werden als „irrational, unkritisch, fremdbestimmt, unmündig", beschrieben (ebd.). Aus dem Grund kommen die zunehmenden wissenschaftlichen Publikationen über die Effekte, die Meditation bewirkt, dem Thema Achtsamkeit zugute. Für die Vermarktung biete sich die wissenschaftliche Fundierung gemäß Niklas Fehr besonders gut an, denn gerade Deutsche müsse man im Vergleich zu US-Amerikanern verstärkt mit Fakten überzeugen, bevor sie sich auf eine Praktik, wie die Achtsamkeit einließen. Auch der Aspekt, dass Meditation heute unter „Achtsamkeit" verstanden werden kann, ist möglicherweise ein Grund, dass auch Menschen, die diese Praktik unter dem Begriff Meditation als „esoterischen Kram" abgetan hätten, nun offen für ein wenig klischeebelasteteren Begriff und dessen Konzept sind.

3. Die Achtsamkeit ist erfahrbar:

Alle Experten gaben wider, dass sie das Besondere der Achtsamkeit in dem Aspekt der Erfahrung sehen. Laut ihnen und Stefan Schmidt (2011: 33) sei für die Menschen heute wichtig, dass sie nicht an etwas glauben (müssen), sondern sie es vielmehr selbst erfahren (können). Die Achtsamkeit – als Teil des Buddhismus, die sich als Erfahrungsreligion statt einer Glaubensreligion bezeichnet – biete genau das, wobei einem konkrete Techniken an die Hand gegeben werden, wie man bestimmte Fähigkeiten, wie Achtsamkeit und Orientierung auf die gegenwärtige Erfahrung entwickeln könne.

4. Der Ursprung der Achtsamkeit liegt im Buddhismus:

Besonders in den Gesprächen mit den beiden Experten Lothar Schwalm und Niklas Fehr – die zwar beide erwähnten, sie seien unreligiös – wurden starke Sympathien zum Buddhismus deutlich. Der starke Zuwachs buddhistischer Gruppen und Gemeinschaften in Deutschland in den letzten 30 Jahren (vgl. Deutsche Buddhistische Union a) lässt vermuten, dass der Buddhismus momentan gesellschaftlich interessant zu sein scheint.

Im nächsten Kapitel soll nun analysiert werden, ob die vier hier beschriebenen Annahmen (säkular, wissenschaftlich, erfahrbar, buddhistisch) tatsächlich jene sind, die an der Achtsamkeit faszinieren. Um möglichst unvoreingenommene Antworten der Praktizierenden zu bekommen, soll zunächst die Frage: „Was genau ist es, was Dich an der Achtsamkeit fasziniert?", gestellt werden, bevor tiefer nach den vier vermuteten Aspekten nachgefragt wird.

6.3.2 Was ist das Neue an der Achtsamkeit? – Ergebnis

Die Ergebnisse der Interviews zeigen, dass allen Praktizierenden an der Achtsamkeit wichtig ist, dass sie diese selber erfahren können. Für die wissenschaftlichen Erkenntnisse der Achtsamkeit interessieren sich zwar fünf der Praktizierenden[12], jedoch benötigen neun – also fast alle – keine wissenschaftlichen „Beweise", um die Achtsamkeit zu praktizieren. Auch die Vermutung von Niklas Fehr, Achtsamkeit ließe sich bei den Deutschen besser über die wissenschaftlichen Erkenntnisse verkaufen, konnte nicht bestätigt werden. Diese Studien haben nur bei zweien der Befragten dazu beigetragen, die Achtsamkeit auszuprobieren.

Beispielhaft sollen hier zu denen in der Abbildung 13 dargestellten Aussagen zum Thema „Wissenschaft und Erfahrung" einige der Zitate aus den Interviews wiedergegeben werden:

„Ich kenne die [wissenschaftlichen Studien] nicht im Detail. Ich behaupte zu wissen, dass es Studien gibt, die genau das nachweisen und ich glaube denen jetzt einfach mal ohne sie im Detail zu kennen." (Kaspar)

„Ja, also ich finde es schön, dass es mittlerweile dazu so viele Studien gibt. […] Das hat ja auch diesen ganzen Wahn in Gang gesetzt, das hat auf jeden Fall einen Einfluss. […] Ich neige auch schon dazu offener für Sachen zu sein, die gut erforscht sind. Aber mittlerweile brauche ich diesen Beweis bei der Achtsamkeit nicht mehr." (Ina)

„Ich hab gehört, dass es wissenschaftlich helfen soll, aber ich spüre es halt selber quasi. Das Wissenschaftliche ist zwar nice-to-have, aber nicht ausschlaggebend." (Patrick)

„Ich […] bin da auch sehr neugierig und finde es spannend, dass sich da was im Gehirn verändert […], weil ich in der Schule noch gelernt habe, dass die Zahl unserer Gehirnzellen mit dem Alter

12 Hier ist jedoch zu bemerken, dass zwei dieser Praktizierenden mit der Achtsamkeit beruflich zu tun haben und zwei Personen Psychologie studiert haben.

abnimmt und that's it. Heute weiß man da sehr viele andere Sachen. [...] Und da ist Achtsamkeit... interessanterweise hat das doch eine große Wirkung auf Nerven und Nervensystem, das Gehirn. Das gucke ich mir aus dem Grunde schon an. [...] Für mich selber reicht absolut die eigene Erfahrung." (Friedrich)

Im Vergleich dazu die einzige Aussage darüber, dass ein wissenschaftlicher Beweis zur Legitimation gebraucht wird:

„Für mich ist schon wichtig, dass es nicht nur Glauben ist, sondern etwas dahintersteckt. Dass es nicht nur eine Spiritualität, wie im Christentum ist und Leute an irgendwas glauben, was eigentlich nicht da ist, sondern dass es Mechanismen im Kopf gibt, die organischen Ursprungs sind. Wo wirklich belegt werden kann, dass sich irgendwie die Verbindung von deinem Präfrontalen Cortex zu deiner Amygdala ändert, wenn du häufiger meditierst. Und dass das auch in Studien belegt werden kann. Und für mich ist das wichtig, weil das dieser Geschichte und Spiritualität, die dahintersteht, auch ein Fundament gibt. (...) Ich glaube das Erfahrbare ist schon sehr, sehr wichtig, aber ich glaube ich bin eine Person, die vielleicht gar nicht dahin gekommen wäre, wenn es nicht wissenschaftlich belegt wäre. Weil ich schon einen Anreiz und Überzeugung brauchte, um mich darauf einzulassen." (Peter)

Abb. 13: Die Bedeutung von „Wissenschaft" und „Erfahrung" für die Praktizierenden (Eigene Darstellung)

Hinsichtlich Religion bezeichnet sich nur eine der zehn befragten Personen als religiös, alle anderen gaben wieder, dass Religion keine Rolle (mehr) in ihrem Leben spiele, für drei Personen wäre es aber nicht abschreckend, wenn Achtsamkeit eine Religion wäre (s. Abb. 14). Sieben der Praktizierenden finden es spannend, dass Achtsamkeit ihren Ursprung im Buddhismus hat, vier dieser Personen sympathisierten sehr stark mit den buddhistischen Ansichten. Während nur eine Person sich als wirklich spirituellen Menschen beschreibt, geben aber auch nur vier Personen an, sie schrecke Spiritualität stark ab. Es wirkte bei den restlichen Gesprächen so, als wäre die Achtsamkeit bislang nicht im Rahmen einer offiziell betitelten „Spiritualität" praktiziert worden. Wieder sollen hierzu ein paar relevante Aussagen wiedergegeben werden.

Von der einzigen Person, die sich als religiös und spirituell beschreibt, wird ein Vergleich zwischen Achtsamkeit und Religion gezogen:

„Manchmal habe ich das Gefühl, dass Achtsamkeit vielleicht sogar eine Art Religion ist. [...] Ich glaube auch, dass es vielleicht sogar den gleichen Zweck erfüllt, eben Halt gibt." (Frieda)

Eine andere, sich selbst als unreligiös beschreibende Person spricht auch von „Halt", den sie durch Achtsamkeit bekäme:

„Achtsamkeit gibt mir in dem Sinne Halt, dass ich eigentlich immer weiß, dass ich so ein bisschen meines Glückes eigener Schmied bin. Ich weiß, dass alles Negative, was in mir passiert, passiert, weil ich mich selber negativen Gedanken oder Emotionen hingebe. Achtsamkeit gibt mir Halt, weil es mir immer wieder den Anker bereitet, wenn ich es wirklich bewusst mache, auszusteigen aus diesem Loop." (Peter)

Bei weiteren unreligiösen Praktizierenden wird die Sympathie für den Buddhismus ausgedrückt:

„Ich finde die Idee, die [hinter dem Buddhismus] steckt, ganz schön. Nicht zwangsläufig notwendig. Ich bin ja in dem Sinne kein gläubiger Mensch, aber wenn ich mir eine Religion aussuchen müsste, in der ich mich am meisten einordnen könnte, dann wäre es auf jeden Fall der Buddhismus. [...] Ich interessiere mich schon dafür und ich kann mich auch damit auf eine Art und Weise identifizieren, sonst glaube ich würde ich [die Achtsamkeit] auch nicht machen." (Lara)

„Religion, zunächst mal, spielt keine Rolle bei mir. [...] Ich habe Sympathien für den Buddhismus, aber ich bin nicht Buddhist. Ich habe eine gewisse Sympathie dafür, weil ich sehr viel von dem nachvollziehen kann. Aber ich brauche es nicht als Religion." (Friedrich)

„[D]er Buddhismus [...] bietet es ja quasi an: „Das ist jetzt hier der achtstufige Pfad, es gibt das Leid im Leben und wir haben hier diese Möglichkeiten, willst du die nicht ausprobieren?" Und ich glaube, dass diese Offenheit und diese neutrale Sichtweise ein ganz großer Faktor ist, warum Menschen das heute im Westen machen. [...] Und vor allen Dingen, weil sie Begriffe von Glauben und Gott und Beten nicht benutzen, die total religiös besetzt sind. Es sind ganz praktische Menschen-

sachen, die du an deinem Körper und Geist erfahren und beobachten kannst. Das ist wie ein Werkzeug. Du brauchst nicht in ein Religionsgebäude gehen und einen Gott anbeten, sondern du arbeitest mit dir selbst." (Oskar)

Peter drückt aus, dass ihn andere Gründe mehr vom Meditieren überzeugen, er den Buddhismus aber faszinierend findet:

„Der buddhistische Kontext beziehungsweise die Geschichte des Ganzen [...] ist für mich der letzte Grund es zu machen. Aber ich finde es faszinierend, dass es Menschen gibt, die das seit tausenden Jahren praktizieren und es auch eigentlich damals schon besser wussten." (Peter)

Und wieder andere sagen, der buddhistische Ursprung „Lässt mich komplett kalt.", (vgl. Kaspar) oder es würde sich komisch anfühlen eine neue Religion anzunehmen, wo man ja eigentlich eine hat, diese nur nicht mehr auslebt:

„[Für mich ist es nicht wichtig, dass Achtsamkeit seinen Ursprung im Buddhismus hat.] Da würde ich mich fast falsch fühlen eine andere Religion irgendwie anzunehmen. Ich glaube, ich sehe das von der psychologisch-wissenschaftlichen Seite." (Mia)

Diese Erfahrung habe auch ich im Rahmen meiner Forschungsbeobachtung im buddhistischen Zentrum Kadampa in Berlin Mitte gemacht:

Auf ca. 60m² sind rund 30 Meditationskissen in Richtung eines Altars ausgerichtet. Der Altar besteht aus einer Glasvitrine, in denen auf vier Meter Breite verschiedene goldene Figuren aufgebaut sind. Vor der Vitrine ist ein Bild platziert, das einen Meditationsmeister zeigt. Im Nachhinein erfahre ich, dass es der Ehrwürdige Geshe Kelsang Gyatso Rinpoche ist, ein international anerkannter Lehrer des Buddhismus. Ich frage mich, ob es mir nicht ein bisschen zu kitschig, ein bisschen zu fremd ist. Und irgendwie ist es doch auch falsch, denn ich bin doch eigentlich evangelisch – zumindest getauft, wenn auch nicht aktiv praktizierend. Ist es nicht verlogen hier mitzumachen, aber eigentlich gar nicht genau über den Buddhismus bescheid zu wissen? Vor einem Altar zu sitzen und gar nicht zu wissen, wen oder was man da verehrt? Ich bin unentschlossen.[13]

13 Für die vollständige Beschreibung der Beobachtung s. „Exkurs: Beobachtung Kadampa"

Religion, Spiritualität & Buddhismus

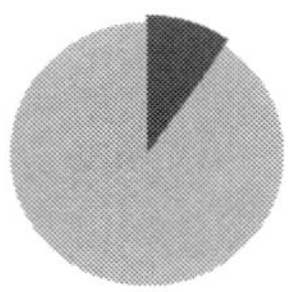

1 / 10

„Ich bin religiös."

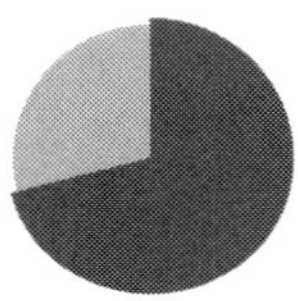

7 / 10

„Ich finde es gut, dass Achtsamkeit keine Religion ist."

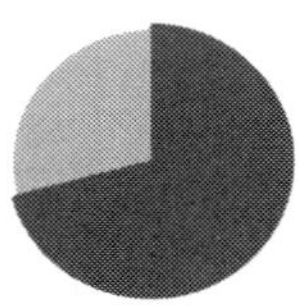

7 / 10

„Ich finde es spannend, dass Achtsamkeit seinen Ursprung im Buddhismus hat."

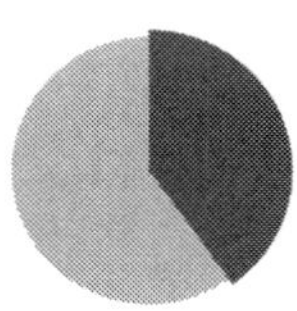

4 / 10

„Ich sympathisiere stark mit den buddhistischen Ansichten."

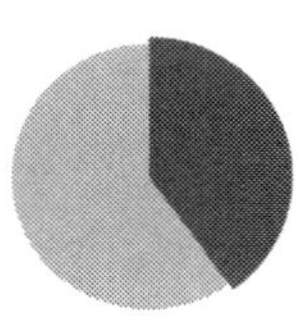

4 / 10

„Spiritualität schreckt mich ab."

Abb. 14: Die Bedeutung von „Religion", „Spiritualität" und „Buddhismus" für die Praktizierenden (Eigene Darstellung)

Diejenigen, die den Buddhismus für wichtig halten, äußern ähnlich wie der Experte Lothar Schwalm die Sorge, dass Achtsamkeit instrumentalisiert würde und die buddhistische Lehre verschwinde:

„Ich finde es fast schade, dass das dem Buddhismus in letzter Zeit immer ein bisschen weggenommen wird. […] Das ist natürlich toll, dass es eher rational, also als so ein Tool, um irgendwas zu erreichen, gesehen wird, dadurch kann man das natürlich ganz vielen Leuten schmackhaft machen. Aber es ist eigentlich ein ganz, ganz altes Gedankengut, das irgendwie total wertvoll ist. Ich finde das so schade, dass das dem weggenommen wird." (Ina)

„Es ist eine Lehre, die aus dem Osten kommt, die jetzt quasi westlich vermarktet wird. Dadurch wird es ein Trend, es wird verwestlicht – da muss man aufpassen. Man muss zum Beispiel aufpassen, dass man nicht ein falsches Bild von dem vermittelt, was es eigentlich ist oder dass auch Techniken richtig vermittelt werden." (Oskar)

Der Begriff Spiritualität wurde auf sehr unterschiedliche Weise von den Praktizierenden interpretiert. Während es für eine Person aus der psychologischen Sicht ein menschliches Bedürfnis darstellt, ist es für andere dasselbe wie Esoterik, ein stark klischeebelasteter Begriff, von dem man sich distanzieren möchte:

„Ja, spirituell würde sich gesellschaftlich so etwas seltsam anhören. […] Diese Identifikation mit dem Spirituellen gefällt mir nicht so. Ich würde sagen, dass das einfach achtsam oder bewusst ist." (Harry)

„Wenn das so ganz viel „chichi-mäßig" wäre, fänd' ich das glaube ich etwas anstrengend. Es gibt ja auch bei Yogastudios verschiedene Richtungen. Solche, die das eher fitnessmäßig machen und die anderen, die das ganz spirituell machen. Ich glaube dieses Spirituelle könnte ich niemals ertragen." (Kaspar)

„[O]ftmals ist das sehr spirituell-esoterisch dargestellt, was mir dann zu viel ist. Ich find das schöner, wenn das ein bisschen weltlich gemacht wird, sodass man nicht komplett aus dem Alltag ausgeworfen wird und dann in eine ganz andere Welt einsteigen muss." (Lara)

„Also ich halte nicht viel von spirituellem Hokus-Pokus. Wenn da so ein „Jochen-Yoga" vor mir steht und mir was vorsingt, dann… nee das ist nichts für mich." (Patrick)

6.3.3 Fazit

Die Analyse der Interviewgespräche zeigt, dass drei der Annahmen bestärkt werden konnten. Den Praktizierenden ist es wichtig, dass sie die Achtsamkeit losgelöst von einer Religion praktizieren können (vgl. Punkt 1 der Hypothese), für sie ist entscheidend, dass sie an sich selbst erfahren können, welche Auswirkungen die Achtsamkeit hat (vgl. Punkt 3) und sie finden den Aspekt spannend, dass das Konzept in einer sehr alten buddhistischen Tradition verwurzelt ist (vgl. Punkt 4). Die Annahme, die neuen Erkenntnisse der Wissenschaft seien ausschlaggebend dafür, dass Menschen heute offener der Meditation gegenüber eingestellt sind (vgl. Punkt 2), konnte durch die Gespräche nicht bestätigt werden. Viele der Probanden gaben zwar wieder, man könne die Achtsamkeit anderen Personen durch die Fakten erst schmackhaft machen (vgl. Ina, Friedrich, Oskar), doch fast alle Praktizierenden berichten, sie benötigen selbst keine „wissenschaftlichen Beweise". Vielmehr scheint der Punkt der Wissenschaft eine im Hintergrund zwar irgendwie bekannte Information zu sein, auf die sich verlassen, aber eigentlich nicht gebraucht wird, da die Erfahrungsebene wichtiger ist. Die Verallgemeinerung, wissenschaftliche Studien seien für Praktizierenden der Achtsamkeit nicht wichtig, möchte ich jedoch aufgrund der kleinen Anzahl an Interviewten nicht vornehmen. Das Modell (s. Abb. 15) fasst die Ergebnisse noch einmal zusammen.

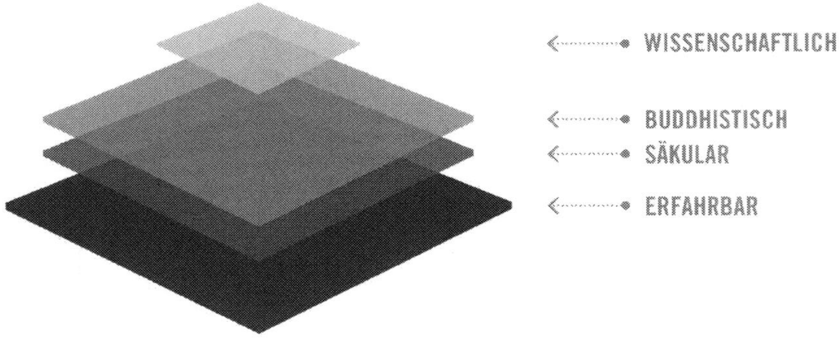

Abb. 15: Diese Aspekte faszinieren die Praktizierenden an dem Konzept Achtsamkeit (Eigene Darstellung)

Obwohl die wissenschaftlichen Publikationen kaum als Beweis benötigt werden, scheint es dennoch so, als hätte das wissenschaftliche Fundament erst dazu beigetragen, dass heute die Medien neutraler – und nicht mehr nur im Sinne von einer geheimen, exotischen Lehre – über das Thema Meditation berichten. Das bedeutet im Umkehrschluss, dass viele Praktizierende vielleicht gar nicht auf das Thema von sich aus gekommen wären, hätten sie nicht irgendwie darüber in den Medien gelesen oder gehört.

Während zwar fast alle Praktizierenden nicht religiös sind, ist es doch erstaunlich, wie stark die Begeisterung für den Buddhismus von einigen Personen geäußert wurde. Hierbei punktet der Buddhismus jedoch weniger durch seinen spirituellen Ansatz, sondern vielmehr durch seine Pragmatik und seine Einfachheit, indem er konkrete Werkzeuge anbietet und somit vermittelt, man müsse nicht an etwas glauben, sondern solle es „einfach" selbst erfahren. Achtsamkeit wurde nur von einer Person als etwas Spirituelles betitelt, meine Annahme ist daher, dass heute insbesondere die Achtsamkeit im Vergleich zur Meditation deutlich freier von ihrem „esoterischen Image" auftreten kann. Die Abbildung 16 soll dies veranschaulichen.

Meditation fand bereits in den 60er Jahren großen Anklang in einigen Kreisen der Bevölkerung. Damals kam sie jedoch allein aus dem Kontext des Buddhismus in den Westen. Mithilfe der Wissenschaft wurde sie immer beliebter, musste sich jedoch bei der breiten Masse bis heute beweisen, da ihr der spirituelle Kontext anhaftet.

Anders ist es bei der Achtsamkeit. Sie wurde direkt von einem amerikanischen Wissenschaftler (Jon Kabat-Zinn), der sich selbst nicht als Buddhist bezeichnet, jedoch eng mit Buddhisten arbeitet, als ein Werkzeug zur Stressreduktion bekannt. Der neue Begriff „Mindfulness" (oder „Achtsamkeit"), wurde somit gleich viel mehr mit einem westlichen, medizinischen und wissenschaftlichen Kontext verbunden. Das Neue ist also, dass die buddhistische Lebensphilosophie ein Stück weit „entzaubert" wurde. In Groys Worten: das Wesen dessen, was man immer schon gesehen und gekannt hat, hier also Meditation, wurde in Gestalt eines neuen Begriffs mit westlichen, wissenschaftlichen Aspekten umgewertet. Wie am Anfang dieses Kapitels beschrieben, sieht Groys auch eine Innovation darin, wenn etwas, was früher als „wertlos", „profan", „fremd" oder „primitiv" angesehen wurde, aufgewertet wird. Dies trifft auf den

Begriff Meditation zu, der mit seinem eher als fremd vorbelasteten Image heute unter dem Begriff Achtsamkeit eine neue Blütezeit erfährt. Meditation ist zwar auch heute schon nicht mehr nur in der spirituellen Ecke verankert, doch ist die Bandbreite an Anschlussmöglichkeiten durch ihr Image nach wie vor beschränkt. Achtsamkeit funktioniert hingegen sowohl im spirituellen Zusammenhang, aber eben auch – wie wir gesehen haben – für Menschen, die mit dem Begriff Spiritualität nicht in Verbindung gebracht werden möchten. Daher wird sie auch in den verschiedensten Kontexten – in der Psychotherapie, der Pädagogik, der Politik, im Business, in Gefängnissen, in der Küche (vgl. Chef's Table) bis hin zum Bett („Mindfulness for Mind-Blowing Sex: 5 Practices", vgl. Huffington Post 2014) – angewandt. Im folgenden Kapitel soll untersucht werden, ob Achtsamkeit tatsächlich so starke Auswirkungen auf scheinbar alle Lebensbereiche haben kann.

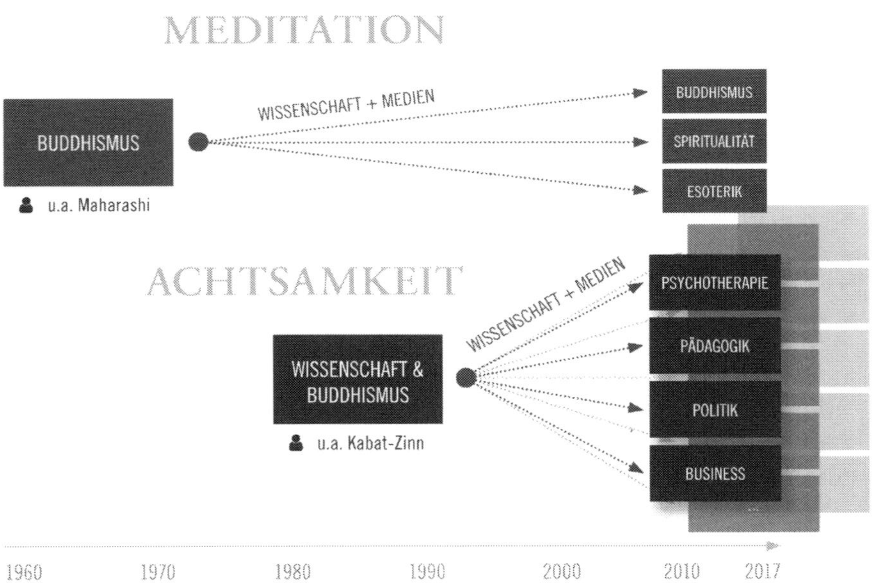

Abb. 16: Die Meditation unter dem neuen Namen „Achtsamkeit" findet in den unterschiedlichsten Kontexten Anwendung (Eigene Darstellung)

Shambhala Berlin

Neckarstrasse 12

Vor der Meditation

Ich gehe zum offenen Meditationsabend ins Shambhala in Neukölln. „@Neue Leute: Bitte zur Meditationsanleitung um 19.30 Uhr pünktlich sein“, heißt es auf der Website. Das Shambhala Zentrum befindet sich im Erdgeschoss eines unauffälligen Berliner Altbaus in einer dunklen Straße Nähe der Haltestelle Rathaus Neukölln. Eine kleine, ältere Frau mit grauen, wirren Haaren öffnet mir die Tür, ich frage, ob ich hier für den Meditationsabend richtig bin und mir wird signalisiert, dass ich reinkommen, aber die Schuhe ausziehen soll. Ein paar grauhaarige Personen mit Wollsocken vom Zentrum sind da und eine andere Frau, um die 30, die anscheinend auch zum ersten Mal in diesem Zentrum ist. Ich bereue, dass ich so früh bin, fühle mich in dieser klischeehaften, orangen buddhistischen Welt nicht so ganz wohl. Michael, anscheinend der Lehrer heute Abend, setzt sich zu mir und der anderen Frau an den Tisch. Er strahlt eine ziemliche Ruhe aus, wirkt entspannt, sehr höflich. Er fällt mit seinem dunkelblauen Pullover und schwarzer Jeans nicht auf, sieht nicht wie ein „klassischer Buddhist“ aus.

Ich erfahre, dass die andere Frau aus Toronto kommt und dort regelmäßig ein Shambhala Zentrum besucht. Shambhala ist anscheinend eine besondere Form des Buddhismus. „Hätte ich mich vorher mal richtig informiert!“, denke ich mir. Wie ich später beim Recherchieren lerne, ist die Grundhaltung der buddhistischen Shambhala Tradition, dass „menschliche Gutheit und Weisheit über jegliche Kulturrichtung oder Religion hinausgeht“. „Es ist eine weltliche, nicht religiöse Philosophie“, die auf Lehren des Buddha sowie der Inspiration und Weisheit moderner Lehrer des tibetischen Buddhismus – Chögyam Trungpa Rinpoche und Sakyong Mipham Rinpoche

EXKURS

EXKURS

– aufgebaut ist. Auch ich werde gefragt, wie ich auf das Zentrum gekommen bin und als ich sage, dass ich bisher immer nur Zuhause meditiert habe, mich aber gerne in das Thema vertiefen möchte, wird mir gleich erklärt, dass ich doch zu dem regelmäßigen Kurs „Meditieren im Alltag", der im März anfängt, kommen soll.

Langsam füllt sich der kleine Vorraum. Eine Frau Anfang 20 mit kurzen, braun-roten Haaren auf der einen und langen Haaren auf der anderen Seite, einem Schal in senfgelb, einem orangefarbenen Pullover und einer weiten, türkisen Hose setzt sich zu uns an den Tisch. Sie wirkt offen und nett. Sie heißt Lina und hat ein Jahr in Indien gelebt und dort an einem zehntägigen Schweigeretreat teilgenommen, doch seit ihrer Rückkehr nicht mehr regelmäßig meditiert. Auf das Zentrum ist sie durchs Googeln gekommen und da sie in Neukölln wohnt, passte es heute für sie einfach spontan vorbeizukommen.

Es folgen noch zwei Frauen, die sich als „Anfängerinnen" vorstellen. Als wir gerade Tee trinken, Prinzenrollenkekse essen und die Kanadierin erklärt, dass es in Toronto mittlerweile ganz normal geworden ist zu meditieren, werden wir Anfänger dazu aufgerufen doch schon einmal in den Meditationsraum nebenan zu gehen.

Ein ca. 40m² großer Raum, gefüllt mit schätzungsweise 30 Meditationskissen, die in Richtung eines Altars ausgerichtet sind, erwartet uns. Bis auf den Altar, ist das Zimmer mit Dielenboden, weißen Wänden und weißen Gardinen relativ schlicht gehalten. Michael erklärt uns, dass eine aufrechte, aber nicht verkrampfte Haltung beim Meditieren wichtig ist, wir die Arme locker auf unsere Oberschenkel und die Beine in einem lockeren Schneidersitz kreuzen sollen. Er erzählt, dass wir ständig so viele Gedanken, einen so genannten „Monkeymind" haben, bei welchem unsere Gedanken von A nach B springen und sich aus einem negativen Gedanken häufig eine ganze Lawine aus negativen Gedanken entwickelt, sodass daraus negative Gefühle entstehen. Statt die Gedanken ganz einzufangen, wie ein wildes Pferd, sollen wir versuchen dem wilden Pferd eine lange Leine umzubinden, sodass wir uns nicht völlig im Grübeln verlieren, sondern merken, dass es eben nur Gedanken sind. Achtsamkeit biete eine Möglichkeit mit den Dingen besser umzugehen, die uns im Inneren als auch Äußeren widerfahren, erklärt Michael. Durch die Kontrolle unserer Gedanken würden wir es schließlich schaffen nicht sofort aus einer Mücke einen Elefanten zu machen. Dafür müsse man vor allem regelmäßig meditieren. Es bringe weniger, wenn man einmal die Woche eine Stunde meditiert, als wenn man sich jeden Tag fünfzehn Minuten hinsetzt.

Michael fährt fort: „Wenn es in einer halben Stunde losgeht, wird ein Gong erklingen. Am Anfang geht es darum zu spüren, wie sich unser Körper auf dem Kissen und in dem Raum anfühlt." Wir sollen darauf achten, was wir hören und was wir riechen. Haben wir uns dadurch einmal in dem Umfeld eingefunden, soll es darum gehen unseren Atem zu beobachten. Nach ca. zwanzig Minuten wird der Gong erklingen und wir machen eine Gehmeditation. Hierbei sollen wir eine „aufrichtige, würdevolle Haltung" einnehmen, die Hände falten und im Kreis hintereinander hergehen. Die Konzentration hierbei soll auf dem Abrollen der Füße liegen.

EXKURS

Bei der Meditation

Um 20 Uhr geht es los. Nun ist das Zentrum rappelvoll. Eine bunte Mischung an Menschen kommt in den Raum. Das Verhältnis ist ca. 2/3 Frauen – 1/3 Männer. Es sind erstaunlich viele junge Leute gekommen. Viele sehen ähnlich wie Lina danach aus, als hätten sie schon den ein oder anderen Asienaufenthalt hinter sich. Zwei Frauen haben kurzgeschorene Haare.

Ein verrückter Musiker fällt mir auf, ein Spanier mit Jogginghose, eine etwas strenge Frau Anfang 30, ein introvertierter Mann mit Bart und Brille. Der Meditationslehrer Michael stellt sich uns gegenüber hin, alle anderen stellen sich vor ihre Kissen. Ich warte ab was passiert, bevor ich irgendetwas mache. Michael verbeugt sich vor dem Altar und den zwei in Bilderrahmen an der Wand hängenden Meditationsmeistern.

Als Michael sich setzt, folgen ihm die anderen. Dann ertönt ein angenehmer Gong und es geht los. Ich bin etwas überfordert. Normalerweise schließe ich meine Augen beim Meditieren, aber uns wurde erklärt, dass wir die Augen offen halten sollen. Michael begründete es damit, dass wir uns nicht von der Außenwelt abschotten, sondern mit allen Sinnen meditieren wollen. Das erinnert mich an mein Gespräch mit dem Achtsamkeitslehrer Lothar Schwalm, der auch ausdrücklich gesagt hat, dass es bei der Meditation nicht darum geht nur den Fokus auf uns zu legen, sondern es darum gehen muss unsere Umwelt und unsere Mitmenschen miteinzubeziehen. Ich versuche mein Bestes, doch gedanklich bekomme ich keine Ruhe. Die anderen Menschen im Raum sind so laut. Außerdem habe ich bisher noch nie ohne Anleitung meditiert. Es ist komisch nicht von jemand anderem daran erinnert zu werden mich auf meinen Atem zu konzentrieren. Ich fange an meinen Atem zu zählen. In den ersten zwanzig Minuten komme ich nicht zur Ruhe. Bei der anschließenden Gehmeditation wirkt es am Anfang so, als wäre keiner richtig bei der Sache.

Meiner Meinung nach gehen wir ganz schön schnell im Kreis und auf das Abrollen der Füße kann ich mich gar nicht richtig konzentrieren. Man soll sich gegenseitig nicht angucken, doch irgendwie habe ich trotzdem den Eindruck angeguckt zu werden. Mach ich das hier falsch? Doch dann klappt es plötzlich und ich finde meinen Rhythmus. Nach ca. zehn Minuten schlägt Michael mit zwei Stöckchen gegeneinander. Anscheinend ein Zeichen, dass wir uns wieder setzen sollen. Die zweite Sitzmeditation wird wieder durch einen Gong angekündigt. Diesmal schaffe ich es besser mich auf meinen Atem zu konzentrieren.

Doch die Ablenkungen der Gruppe reißen mich immer wieder raus. Ein Handy klingelt. Jemand sucht es nervös in seiner Tasche, ein anderer lacht. Später meine ich jemanden pupsen gehört zu haben. Irgendwie frage ich mich schon, warum nicht einfach alleine für sich Zuhause meditieren. Gibt einem die Gemeinschaft wirklich so viel? Nach ca. dreißig Minuten endet die Meditation, indem Michael wieder die Holzstäbe gegeneinander schlägt. Es wird eine Art Gebet herumgereicht, bei welchem man mit rezitieren kann. Ich kann es nicht lesen, da ich es mir mit meiner Sitznachbarin teilen muss. Ich höre irgendetwas davon, dass wir mit unserer Umwelt und allen Lebewesen wertschätzend umgehen sollen. Oder so.

Nach der Meditation

Wir bringen die Kissen in eine Raumecke und gehen wieder in den Vorraum. Ich bekomme mit wie sich manche begrüßen. Der eine sagt er wäre seit Januar jeden Montag gekommen. Ein anderer erklärt er schaffe es leider nicht immer. Eine Anfängerin fragt heimlich wie viel man denn so spendet und eine Erfahrenere erklärt, dass sie das immer je nach Lebenslage macht: „Jeder spendet so viel, wie er gerade kann." Ich ziehe meine Jacke und Schuhe an und hinterlasse zehn Euro.

Fazit

Ich wurde herzlich in der Gruppe aufgenommen und die Philosophie der Achtsamkeit wurde gut erklärt und machte für mich Sinn. Auch wenn viele junge Leute kamen, hatte es durch die Zentrumsleitung doch etwas sehr Spirituelles, das ich für mich persönlich bei der Achtsamkeit nicht brauche. Durch diese Art des Zentrums werden wahrscheinlich doch eher buddhistisch angehauchte Menschen, die vielleicht schon einmal in Klöstern waren, angezogen. Auch wenn mich die Geräusche der anderen Praktizierenden zum Teil während der Meditation gestört haben, hat mir – als jemand der normalerweise mit einer App meditiert – sehr gut das im Anschluss an die Meditation erlebte Gefühl der Gemeinschaft, gefallen.

6.4 Auswirkungen der neuen Achtsamkeit

Zwar nützt die formelle Meditation dem Praktizierenden, da er sich hier die Methode in Ruhe aneignen kann, doch Achtsamkeit soll über diese formelle Praxis hinausgehen (s. Kapitel 3.1). Achtsamkeit bedeutet mehr als meditieren: Das in der stillen Meditation Erlernte soll Einzug in den Alltag finden (vgl. Kabat-Zinn 2012). Die Annahme dieses Kapitels ist daher, dass Achtsamkeit sich in irgendeiner Weise auf das Leben des Praktizierenden und dessen Umfeld auswirken muss. Um dies zu untersuchen, orientiert sich das folgende Kapitel an den „Sinn Dimensionen" von Niklas Luhmann (1969).

Für Luhmann ist Sinn die Ordnungsform menschlichen Erlebens (vgl. Luhmann 1969: 31). Erleben ist etwas, was immer auf andere Möglichkeiten verweist. Wir können also immer entscheiden, warum wir gerade diese Möglichkeit wählen – oder eben eine andere (ebd.). Da es eine Fülle an Optionen gibt, müssen wir in der Gegenwart ständig Entscheidungen treffen. Dabei negieren wir die einen Möglichkeiten, um dann den anderen Möglichkeiten nachzugehen. Um hier Entscheidungen treffen zu können, hilft es, bewusst zu erleben, bewusst zu identifizieren was gerade passiert (vgl. Luhmann 1969: 36 f.). Für Luhmann (1969: 40) bedeutet „bewusst" dasselbe wie „mit Sinn". Da hier deutlich die Verknüpfung zur Achtsamkeit erkennbar ist, wo es ja auch darum geht, bewusst augenblickliche Erfahrungen zu beobachten, um daraus „heilsame" Entscheidungen (vgl. Gruber 1999; Lothar Schwalm) zu treffen, bieten sich auch die drei „Sinn Dimensionen" von Luhmann für die Untersuchung der Auswirkungen der Achtsamkeit an. Diese Dimensionen lassen sich als sachliche, soziale und zeitliche Dimensionen am Erleben selbst unterscheiden (vgl. Luhmann 1969: 48).

Das vorliegende Kapitel wird also von den persönlichen Auswirkungen der Praktizierenden handeln, die sich durch ein achtsameres (bewusstes, sinnvolles) Erleben zeigen. Diese Auswirkungen sollen in Bezug auf ihren Umgang mit ihren Mitmenschen (soziale Dimension), ihren Umgang mit den Dingen (sachliche Dimension) und im Umgang mit der ihr zur Verfügung stehenden Zeit (zeitliche Dimension) unterteilt werden. Wie in Kapitel 4 beschrieben, sind für die Analyse eines Trends die schwachen Signale („weak signals") relevant, die einen Wandel in einer Gesellschaft andeuten, da sich hier möglicherweise Veränderungen ganzer Branchen aufzeigen (vgl. Liebl 2000: 8). Die hier beschriebenen Auswirkungen von lediglich zehn Personen lassen somit keine Verallgemeinerung zu, jedoch dienen sie dazu – wie schwache Signale – die ersten gesellschaftlichen Wandlungen aufzuzeigen.

Das Kapitel wird zunächst die Einschätzungen der Experten bezüglich der Auswirkungen wiedergeben, um hieraus dann eine konkrete Hypothese aufstellen zu können. Im Anschluss sollen die Praktizierenden zu Wort kommen, die wieder erst einmal offen erzählen sollen, was sich für sie durch die Achtsamkeitspraxis verändert hat, um daraufhin zu betrachten, inwieweit sich die einzelnen Auswirkungen innerhalb der drei Dimensionen zeigen. Zum Schluss dieses Kapitels werden die Auswirkungen noch einmal zusammengefasst und beurteilt.

6.4.1 Wie wirkt sich die Achtsamkeit aus? – Untersuchung

Die Vermutung Achtsamkeit wirke sich auf die Praktizierenden in Bezug auf ihren Umgang mit den Mitmenschen, den Sachen und der Zeit aus, wurde von den Experten sehr stark gestützt.

Sie waren der Ansicht, Achtsamkeit schule Menschen im sozialen Miteinander (soziale Dimension) besonders in zwei Punkten. Zum einen falle dem Individuum durch das bewusste Beobachten von Gefühlen und Gedanken auf, was ein Reiz (z.B. ein Kommentar) in ihm verursachen kann. Ein Moment zwischen Reiz und Reaktion entstehe, in welchem das Individuum bewusst entscheiden könne, wie es auf den Reiz reagiert. Neurowissenschaftler Ulrich Ott beschreibt dies folgendermaßen:

„Zwischen dem Stimulus, der durch die Situation auf uns einwirkt, und unserer Reaktion darauf, die normalerweise automatisch erfolgt, wird durch die Achtsamkeit eine Lücke geschaltet. In dieser Lücke zwischen Reiz und Reaktion werden uns Freiheitsgrade eröffnet. Eingefahrene Reaktionsmuster werden aufgelockert, wir werden regelrecht dekonditioniert. Wir sind dann nicht mehr jene Reiz-Reaktions-Roboter, die willfährigen Geschehnissen ausgeliefert sind. Stattdessen können wir als bewusste Wesen mit einem großen Spektrum an Erfahrungen und Möglichkeiten auf jeweilige Situationen angemessen reagieren. Wir erfahren den gegenwärtigen Moment lebendig. Wir sind ganz da." (vgl. Fuss 2008: 29)

Zum anderen sind die Experten der Meinung, dass ein Praktizierender der Achtsamkeit nach einer gewissen Praxiserfahrung besser auf seine Mitmenschen eingehen könne, da er sich selbst besser mit seinen Emotionen auskenne und dieses Wissen auf andere übertragen könne. Er wird folglich toleranter und empathischer.

In der sachlichen Dimension verändern sich laut den Experten vor allem zwei Verhaltensweisen durch die Achtsamkeit. Auf der einen Seite wisse der Praktizierende die unterschiedlichsten Dinge mehr wertzuschätzen. Auf der anderen Seite wirke sich die Achtsamkeit auf sein Konsumverhalten aus. Dadurch, dass er sich nämlich bewusst macht, was bspw. das Essen von Fleisch bedeutet, zieht er Konsequenzen und negiert bspw. Massentierhaltung. Es werde also bewusster und ethischer konsumiert, da man sich bewusster über die Konsequenzen sei.

Hinsichtlich der zeitlichen Dimension wird von den Experten angenommen, dass sich drei Aspekte durch das Kultivieren der Achtsamkeit verändern: Erstens, werde der gegenwärtige Moment stärker wahrgenommen und geschätzt, zweitens gestalte das Individuum die zur Verfügung stehende Zeit bewusster und drittens könne sich eine innere Ruhe durch weniger Getriebenheit bemerkbar machen.

Laut den Experten steht also außer Zweifel, dass sich durch das Üben der Achtsamkeit große Veränderungen im Leben der Praktizierenden auftun. Daraus folgt die Hypothese:

> Praktizierende erleben durch die Achtsamkeit positive Auswirkungen in Bezug auf den Umgang mit ihren Mitmenschen (soziale Dimension), den Sachen (sachliche Dimension) und der ihnen zur Verfügung stehenden Zeit (zeitliche Dimension).

Für diese Untersuchung wurden zunächst die offenen Fragen „Auf welche Bereiche Deines Lebens wirkt es sich aus, dass Du Achtsamkeit praktizierst? Wie?“, gestellt. Im Anschluss sollen die Unterkapitel dazu dienen, die Auswirkungen der einzelnen Dimensionen abzufragen.

6.4.2 Wie wirkt sich die Achtsamkeit aus? – Ergebnis

Alle Aussagen der Praktizierenden bestätigen zunächst einmal, dass sich die Achtsamkeit nicht nur auf das Meditieren im Stillen beschränkt, sondern dass die Auswirkungen in den unterschiedlichsten Lebensbereichen der Praktizierenden zu spüren sind. Besonders die Gesprächspartner, die der Achtsamkeit einen sehr hohen Stellenwert[14] (zwischen 9 und 10) in ihrem Leben beimessen und viel meditieren[15] (zwischen 140-840min in den letzten zwei Wochen), gaben an, sie spüren die Auswirkungen der Achtsamkeit in allen Lebensbereichen, oder sie konnten gleich sehr viele und große Auswirkungen nennen[16]. Ganze Welten scheinen sich für sie durch die Praxis der Achtsamkeit verändert zu haben:

„Ich sag mal so. Spontan kommt das hier aus mir raus: Hätte ich das Seminar nicht gemacht, wäre ich nicht mehr mit meiner Freundin zusammen! Nicht weil ich ein böser Mensch bin oder weil ich ein super emotionaler, übler Mensch bin, sondern weil es dir hilft Situationen und Emotionen viel besser zu verstehen und in vielen Situationen ruhiger zu bleiben. Das heißt, wenn du mal in eine Streitsituation kommst, die auch tief gehen und auch verletzen kann, dann reagiert man nicht direkt. Diese Situationen sind mir sehr oft bewusst geworden."
(Oskar, Stellenwert: 9, Stille Meditation: 420-840min.)

„Heute fasziniert mich, dass es mein Leben einfach reicher gemacht hat und reicher macht, weil ich sehr viel aufmerksamer bin und mehr vom Leben mitkriege als vorher."
(Friedrich, Stellenwert: 10, Stille Meditation: 460min.)

„Es hat echt so ein bisschen meine Sicht, meine ganze Wahrnehmung verändert. Seitdem geht's mir auch wieder besser."
(Mia, Stellenwert: „10! Also ich finde es ist DIE Lösung!", Stille Meditation: 420-840min.)

---

14 In den Interviews wurden die Praktizierenden gebeten eine Einschätzung auf die Frage „Wie wichtig ist Dir die Achtsamkeit von 1 bis 10?", zu geben. Bemerkenswert ist hier insgesamt der hohe Stellenwert, der ihr beigemessen wurde. So vergaben drei Personen eine 10, eine Person eine 9-10, drei eine 9, eine Person eine 8, ein Praktizierender eine 7 und die schlechteste Bewertung war eine 6-7.

15 In den Interviews wurde gefragt, wie viele Minuten die Praktizierenden in den letzten zwei Wochen meditiert haben. Die Spanne ging hierbei von 0min. bis 840min. (d.h. 60min. pro Tag). Im Durchschnitt haben die Praktizierenden 200min. in den letzten zwei Wochen meditiert, d.h. jeden Tag ca. 15min.

16 Zum Teil lassen sich die Antworten in die untergeordneten Dimensionen (sozial, sachlich, zeitlich) einteilen, weswegen im Folgenden nur ein Teil der Antworten wiedergegeben wird.

„Ich glaube eigentlich auf alles, mehr oder weniger."
(Peter, Stellenwert: 9-10, Stille Meditation: 200min.)

„Schon, ja. Definitiv mehr, aber es ist nach wie vor nicht so viel. Es ist jetzt nicht so, dass ich sagen könnte, dass mein Leben jetzt massiv anders ist. Es ist eine sehr kleine Änderung, aber auf diesem kleinen Niveau wird es langsam mehr."
(Kaspar, Stellenwert: 7, Stille Meditation: 140min.)

„Es werden immer mehr Bereiche. Man kommt dann auch vom Hundertstel ins Tausendstel. Ich glaube Yoga war der erste Schritt und dann die vegetarische Ernährung. Es hat mich niemand konvertiert, sondern es war einfach eine natürliche Entscheidung. Ich kann ja auch kein Tier selbst schlachten und so kam es dazu, dass ich auch nicht möchte, dass das jemand anderes für mich macht. Jetzt war lange Zeit der Fleischkonsum auch das einzige, bei dem ich achtsam war. Mittlerweile betrifft das auch meinen Konsum, wo ich darauf achte mich dem nicht einfach hinzugeben. Zum Beispiel schaue ich bei meinen Kleidern, dass ich zum Beispiel Second Hand Kleidung kaufe. Oder Dinge nur kaufe, wenn ich sie „wirklich" brauche. Dazu hat mich die Arbeit der Nonne im Ashram bewegt. Oder auch der Wassermangel überall auf der Welt, der immer akuter wird, wo mich ein Film drauf hingewiesen hat. Hier in Europa haben wir das Glück, genug Wasser zu haben, aber in Indien oder Bangladesh, wo die Kleider produziert werden und kein sauberes Trinkwasser ist… Dass man für das, was man macht, Verantwortung übernimmt."
(Frieda, Stellenwert: 9, Stille Meditation: 210min.)

Auch jene, die wie Mia erst seit ca. einem halben Jahr regelmäßig oder Oskar, der erst seit einem Monat intensiv meditiert, gaben wieder, die ersten Auswirkungen schon nach kurzer Zeit gespürt zu haben:

„Mein Trainer meinte noch, […] dass bei vielen ein MBSR-Kurs nicht ausreicht, um das längerfristig ins Leben zu integrieren. Da dachte ich schon: „Ach, wirklich?", denn ich hatte voll Bock drauf und es war so logisch gerade. Ich habe schon innerhalb so kurzer Zeit so tolle Erfahrungen gesammelt." (Mia)

„Es ist eben auch ein langer Weg. Nur weil man einmal oder zehn Tage meditiert hat, heißt das nicht, dass sich gleich alles ändert. Ich finde aber, dass diese Tür – mitzubekommen, wann was passiert – schon sehr weit bei mir aufgegangen ist." (Oskar)

Wie sich genau die einzelnen Auswirkungen bemerkbar machen, soll in den folgenden Kapiteln näher erläutert und analysiert werden.

6.4.2.1 Soziale Auswirkungen

Die Annahme, Achtsamkeit wirke sich positiv auf das soziale Miteinander aus, wird von allen 10 Interviewten bejaht. Insgesamt zeigt sich auch an diesem Aspekt, dass die „Viel-Meditierer" stärkere Auswirkungen bemerkten, als diejenigen, die nicht so regelmäßig Achtsamkeit praktizieren. Die Annahme der Experten, Achtsamkeit zeige sich besonders in den beiden Punkten, dass man einerseits einen „Moment zwischen Reiz und Reaktion" schafft und andererseits „toleranter und empathischer" werde, wurde von einigen Personen wiedergegeben. Die Grafik (Abb. 17) veranschaulicht die einzelnen Aussagen über die Auswirkungen der Achtsamkeit in Bezug auf das soziale Miteinander. Die abgebildeten Zahlen stehen für die Anzahl, wie häufig dieser Aspekt insgesamt in allen Gesprächen genannt wurde:

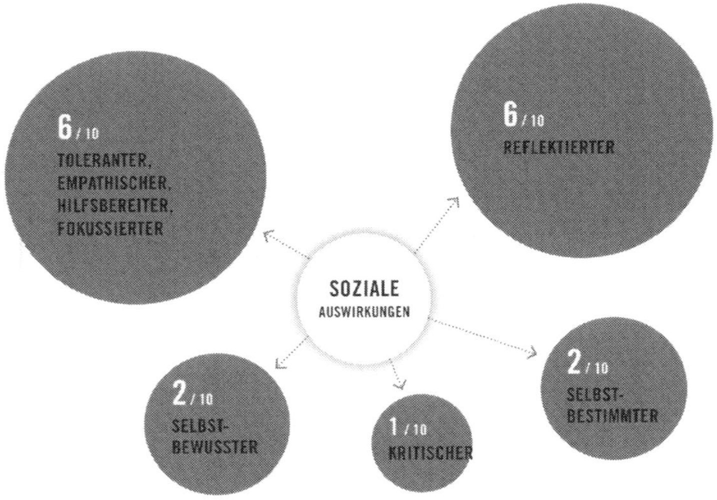

Abb. 17: Die im Rahmen der Interviews herausgearbeiteten sozialen Auswirkungen der Achtsamkeit (Eigene Darstellung)

1. Reflektierter: Ein Moment zwischen Reiz und Reaktion:

Sechs Personen gaben wieder, sie schaffen es durch die Achtsamkeit ihre Emotionen zu reflektieren und seien dadurch weniger impulsgetrieben:

Ina beschreibt ihre Erfahrung bei Konflikten, in welchen ihr ab und an bewusst wird, dass sie verschiedene Entscheidungsmöglichkeiten hat und dementsprechend auch anders, „sinnvoller" reagieren „könnte":

„Es gibt einem ein bisschen mehr Entscheidungsmöglichkeiten glaube ich. Dass man nicht unbedingt ausrasten muss, sondern vielleicht erst überlegt, ob das überhaupt sinnvoll ist. Was aber nicht heißt, dass ich nicht wütend werden würde oder dumme Sachen mache. Nicht, dass das immer klappt, aber manchmal schon!" (Ina)

Oskar fasst es noch etwas weiter und erzählt, dass nicht nur soziale Reize seine Gedanken und Emotionen beeinflussen. Die Praxis der Achtsamkeit hilft ihm generell, nicht auf alles reagieren zu müssen:

„Ich muss schon sagen, dass es mir, gerade durch dieses zehntägige Seminar, ganz stark, also so stark geholfen hat zu verstehen, dass wenn ich Hunger habe, ich unruhig werde, wenn ich etwas nicht bekomme, ich wütend werde, wenn mir jemand was sagt, der unfreundlich war, ich unfreundlich werde. Ich kriege sozusagen Zugriff davor, sodass ich gar nicht darauf reagieren muss. Wenn ich das in Zahlen ausdrücken muss, kriege ich das schon in der Hälfte der Situationen bewusst mit." (Oskar)

Zwar gab Kaspar erst von sich, er würde im Sozialen keine Veränderungen durch die Achtsamkeit bemerken, doch dann fiel ihm in Bezug auf Meeting-Situationen ein Beispiel ein:

„Ich versuche eher nicht instinktgetrieben zu handeln, sondern mich selbst ein Schritt zurückzunehmen. Ein klassisches Ding ist, denke ich, ein Meeting, das scheiße läuft. Wenn du eh redest, dann redest du und kannst dich nicht einen Schritt zurücknehmen. Oft ist es aber so, dass ganz viele etwas sagen und dann hast du eh eine natürliche Pause von einer halben Minute, weil jemand anderes etwas sagt und du den Mund halten musst. Ich versuche dann diese 30 Sekunden so zu nutzen, dass ich tief durchatme, die Hand auf den Bauch lege und Bauchatmung betreibe. Dann habe ich eben diese 30 Sekunden genutzt, um mir eine schlaue Antwort zu überlegen und nicht irgendwas zu sagen." (Kaspar)

2. Toleranter, empathischer, hilfsbereiter, fokussierter:

Sechs Personen berichten davon, dass sie durch die Achtsamkeit toleranter geworden seien. Als Beispiel sollen hier die Antworten von Friedrich und Peter wiedergegeben werden, da sich an diesen Zitaten die charakterlichen Veränderungen sehr gut erkennen lassen:

„Da habe ich recht lange gebraucht zugegebenermaßen. Es hat sich dann insofern verändert, als dass ich sehr viel toleranter geworden bin und sehr viel mehr Anderes und gegenteilige Personen akzeptiere. Und ich versuche nicht gleich ein Urteil zu fällen. Also da hat sich vor allem in der Erstbegegnung sehr viel verändert, wo ich heute schneller draufkomme, dass ich gerade wieder dabei bin ein Urteil zu fällen. Wo ich mir dann sage, dass ich das eigentlich nicht tun sollte." (Friedrich)

„[I]ch glaube, dass ich weniger egozentrisch bin, als ich es früher war, weil ich schon durch die Achtsamkeit eine Akzeptanz oder sowas wie Nächstenliebe gegenüber meinen Mitmenschen entwickelt habe. Ich glaube ich war vor der Achtsamkeit auch eine relativ offene Persönlichkeit gegenüber anderen Menschen, aber ich glaube, dass ich andere Verhaltensweisen stärker akzeptiere, als es früher der Fall war. […] Früher hatte ich meinen eigenen Weg und der war der Beste und der war links auf der Überholspur. […] Ich glaube ich bin empathischer geworden. […] Also es kommt halt alles zusammen. Es ist auf der einen Seite eine stärkere Empathie, die man entwickelt hat und auf der anderen Seite auch wieder dieses Fokus-Ding […]. Wenn ich abends zu Hause bin und wir irgendwas essen, kann ich mich stärker darauf einlassen jetzt gerade in diesem Moment zu Hause zu sein und mit meiner Freundin was zu essen. […] Das ist es was ich gerade mache und deswegen fokussiere ich mich darauf und denke nicht darüber nach, was ich morgen am Computer mache oder was ich heute nicht geschafft habe." (Peter)

3. Selbstbestimmter:

Neben diesen beiden erwarteten Annahmen, wurden auch noch weitere Auswirkungen auf das soziale Miteinander genannt. Eine Auswirkung besteht für zwei Personen darin, dass sie heute stärker für sich und ihre Zufriedenheit, Verantwortung übernehmen können. Das heißt, statt die Schuld in ihrem Gegenüber oder dem generellen Umfeld zu suchen, schaffen sie es, durch die Achtsamkeit erst einmal bei sich selbst nach dem Grund zu schauen:

„Gerade in einer Beziehung ist das besonders spannend. Da gibt es ja auch Sachen, wo man immer, wenn was ist, versucht zu sagen: „Der andere ist es!", stimmt's? Eigentlich stimmt das eben nicht – man ist es immer selbst. Der andere ist nur der Spiegel für das, was geschieht. Wenn man versucht

an dem anderen rumzurütteln, da hat der Rüdiger Dahlke so einen guten Vergleich: Das ist das gleiche, als würdest du dich vor den Spiegel stellen und versuchen den Pickel im Spiegel auszudrücken und nicht an dir." (Harry)

„Das ist ja wie das Ding mit der Tiefenpsychologie. Viele Theorien sind dahingehend, dass du nervös bist, weil dich der Konflikt mit der Person XY nervt. Ich glaube das ist etwas, das man durch die Achtsamkeit für sich erkennt und lernt. Dass man die Schuld nicht anderen Personen gibt. Manchmal kann eine andere Person gerade gar nichts falsch gemacht haben, sondern man selbst hat einfach enorm beschissene Laune. Dann projiziert man seine Laune recht schnell auf jemand anderen und macht denjenigen dann für etwas schuldig, wofür er gar nichts kann. […] Bevor ich angefangen habe zu meditieren, hätte ich das alles auf mein Umfeld geschoben. Da wäre mein Job scheiße gewesen und meine Wohnungssituation blöd. Mittlerweile würde ich sagen, dass das nichts mit meinem Umfeld zu tun hat, denn es kommt immer nur darauf an, wie man sich sein Umfeld gestaltet." (Peter)

4. Selbstbewusster:

Ein weiterer Punkt ist jener, dass die Praktizierenden selbstbewusster das tun, wonach ihnen ist, da sie gelernt haben auf ihre eigenen Bedürfnisse zu hören. Es werde sich seit der Achtsamkeit nicht mehr für andere Personen „krumm" gemacht:

„Was sich auf jeden Fall verändert hat, ist, dass wenn ich auf Leute keinen Bock habe, dann habe ich keinen Bock auf die und das war's. Ich mach mich da nicht mehr krumm. Wenn ich eine Einladung bekomme, ist das zwar schön, aber wenn ich keinen Bock habe, dann habe ich eben keinen Bock." (Patrick)

„Im vorletzten MBSR-Kurstag haben wir darüber gesprochen, was wir alles in unserem Alltag ändern wollen. Also was tut uns gut und was nicht? Und da habe ich gemerkt, dass mir eine Freundin nicht gut tut, weil mir das immer so Kraft zehrt. Und dann habe ich mich in der Woche bevor ich nach Berlin gefahren bin mich auch nicht mehr mit ihr getroffen." (Mia)

5. Kritischer:

Interessant ist auch Friedas Kommentar, denn sie erwähnt als Einzige, dass sich ihr Umgang mit ihren Mitmenschen zwar „stark" verändert habe, sie aber auch feststellt, dass sie mit dem unachtsamen Verhalten anderer nicht mehr so gut zurechtkommt:

„Stark. Aber ich bin auch kritischer geworden im Umgang mit meinen Mitmenschen. Obwohl das eigentlich nicht der Sinn der Sache ist, ich weiß schon, dass ich da noch ein bisschen an mir arbeiten muss. Ich denke immer schnell, dass… Es gibt Menschen, mit denen man zwei Stunden verbringt und es erfüllt dich total. Und es gibt Menschen, mit denen du zwei Stunden am Tisch sitzt und es ist nur oberflächliches Hingeplänkel: „Wo fährst du auf Reisen?" und „Hast du den neuen Stuhl schon von Vitra?" Da bin ich oft ein bisschen kritisch, aber sonst liegt mir am Umgang mit Menschen sehr viel."

Hier lässt sich erkennen, dass nicht nur eine Person für sich achtsam handelt und somit besonders das Gegenüber (Chef, Freund etc.) davon profitiert, sondern auch vom Gegenüber eingefordert wird, sich an bestimmte Regeln für ein achtsames Miteinander zu halten. Diese Erwartungshaltung ist nicht unbedingt kritisch aufzufassen, denn möglicherweise registriert das Gegenüber ja auch, dass mit ihm achtsam umgegangen wird und ändert dementsprechend sein Verhalten. Indem auch er sich bemüht besser zuzuhören oder andere Meinungen nicht gleich abwertet, könnte das gesamte Verhältnis verbessert werden. Beide Parteien können von der Achtsamkeit profitieren.

6.4.2.2 Sachliche Auswirkungen

In der sachlichen Dimension wurde von den Experten vermutet, dass sich das Konsumverhalten durch die Achtsamkeit ändere, indem z.B. weniger, bewusster oder ethischer gegessen oder eingekauft werde und andererseits Dinge, die erlebt werden oder einem gehören, mehr Wertschätzung erfahren.

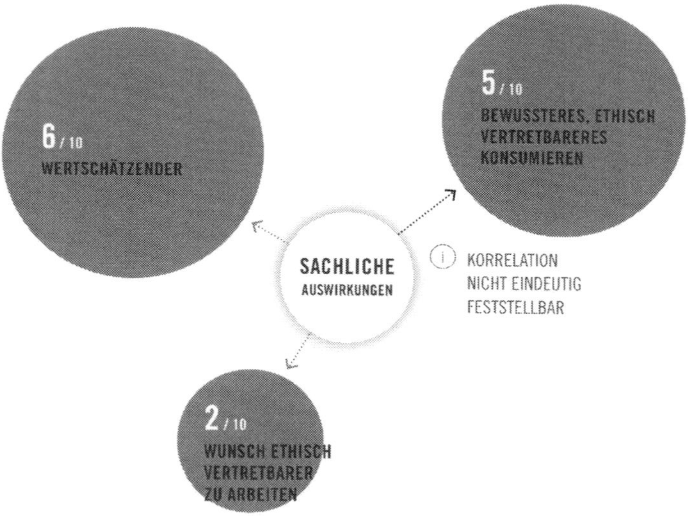

Abb. 18: Die im Rahmen der Interviews herausgearbeiteten sachlichen Auswirkungen der Achtsamkeit (Eigene Darstellung)

1. **Bewussteres, ethisch vertretbareres Konsumieren:**

Ersteres kann nur teilweise bestätigt werden. Zwar konsumieren die meisten sehr bewusst und ethisch, doch trifft nur eine Person die eindeutige Aussage, dass Achtsamkeit sie dazu veranlasst hat z.B. kein Fleisch mehr zu essen oder Second Hand Mode zu kaufen.[17] Bis auf zwei Personen, die nach wie vor sagen, sie würden viel konsumieren, und zwei Personen, die den Aspekt der Wertschätzung stärker als Auswirkung beschrieben haben, handelt es sich aber bei den Befragten generell um ziemlich bewusst und ethisch Konsumierende. So ernähren sich beispielsweise fünf der zehn Befragten vegetarisch. Unklar bleibt, ob dieses bewusste Konsumieren jedoch auf die Achtsamkeit zurückzuführen ist:

„Ja, beim Konsum war ich immer schon relativ kritisch und wenig auf der „echt viel Konsumierer Seite". Konsum war für mich nie wichtig." (Friedrich)

„Also ich bin ja nicht vegan, aber wenigstens vegetarisch, […] aber das mach ich sowieso auch schon immer, weil es mir schon wichtig ist. […] Meine Mama hat schon immer, was Konsum angeht, zum Beispiel essen oder viel Müll, das schon sehr achtsam gemacht. Es ist wichtig, darüber nachzudenken. Ich weiß nicht, ob es damit zusammenhängt, dass ich das mache oder, dass ich älter werde und Dinge erlebe und sehe und es mir bewusster wird. Aber gerade Dinge wie Kleidung, eigentlich von fast allen möglichen Konsumgütern: man will immer alles haben und hat immer zu viel." (Lara)

„Ich weiß gar nicht, wie sich das bei mir entwickelt hat. Ich glaube, das ist bei mir nicht so bewusst abgelaufen. Wenn ich so darüber nachdenke, als ich damals im Studium angefangen habe zu meditieren und mich angefangen habe damit auseinanderzusetzen, habe ich damals auch aufgehört Fleisch aus Massentierhaltung zu essen und so ein bisschen auf Nachhaltigkeit geachtet. Ich habe das damals gar nicht so richtig als Zusammenhang gesehen, ehrlich gesagt. Aber das kann schon sein. Ich kann gar nicht mehr sagen, was womit zusammenhängt. Vielleicht war das auch einfach so eine generelle Entwicklung, alles bewusster zu machen." (Ina)

„Wo ich momentan bei bin, ist alles aus der Bude rauszuhauen, auszumisten. Die Sachen, die mal waren, wegzuschmeißen. Vielleicht hat das damit ein bisschen was zu tun. […] Man benutzt ja sowieso immer nur zehn Sachen und hat aber 1000." (Patrick)

2. Wertschätzender:

Eine Korrelation zwischen stärkerer Wertschätzung und Achtsamkeit wurde insgesamt von sechs Personen gezogen. Ein paar Beispiele teils sehr unterschiedlicher Erfahrungen:

---

[17] Hier ist die Aussage von Frieda gemeint, die bereits unter 6.4.2.1 wiedergegeben wurde.

„Manchmal wenn ich mich total auf etwas freue, zum Beispiel ein geiles Essen oder Getränk und wenn ich das denn tatsächlich zu mir nehme, dann sind da Leute um mich herum oder ich denke an was völlig anderes dabei, dann lebt man nicht mehr im Augenblick, wenn du es dann konsumierst. Das glaube ich hat sich ein Stück weit verändert, dass ich es manchmal ein bisschen besser schaffe, nur bei mir selbst zu sein in dem Moment und dann beim Essen wirklich nur das Essen schmecke." (Kaspar)

„Ja, also wie soll ich das sagen? Alles ist eigentlich geil! Während der Meditation bist du so aufmerksam und deine Sinne sind so geschärft, dass ich manchmal ein höheres High hatte, eine schärfere Sichtweise, wie ich es bei vielen Drogen nicht erlebt habe. Ich habe mir Essen – obwohl ich Hunger hatte – minutenlang angeguckt, weil es so wunderschön war von der Struktur und den Farben und es so gut gerochen hat. Das waren die Sachen, die aus der Natur waren. [...] Lass es eine Pflanze sein oder die Sonne oder ihre Wärme. [...] Man merkt wie genial ein Buch ist. Schreiben, Lesen, Hören. Und das halt aber auch zu Objekten, wie schön beispielsweise diese Decke mit dem Muster ist. Klar laufe ich jetzt nicht durch die Gegend und singe: ‚Oh wow, die Ampel ist so schön!' " (Oskar)

„Dadurch, dass man sich bewusster über eine Kaufentscheidung ist, ist es schon so, dass man sich durch diese Reflektion auch mehr auf den Moment oder die Entscheidung einlässt und sie mehr lebt oder genießt." (Peter)

„Du kannst aus einer kleinen Sache auch ein Highlight machen. Ich glaube, das ist die Ruhe, sich wirklich auf eine Sache zu konzentrieren und die halt zu machen. Egal was es ist, kann ja alles Spaß machen." (Patrick)

3. Wunsch ethisch vertretbarer zu arbeiten:

Ein weiterer Punkt, der von zwei Personen genannt wurde, ist, dass sich die Einstellung gegenüber bestimmten Berufen verändert hat. Die Praktizierenden suchen nach Möglichkeiten, ihre Ansprüche auch in ihren Jobs besser wiederzufinden:

„Ja, das hat sich zum Beispiel geändert. Ich könnte nie im Leben zum Beispiel in einem Beratungsjob arbeiten, also in einer Firma, wo ich nicht dahinter stehe..." (Patrick)

„Mein Beruf ist es noch nicht, aber da bin ich noch am Lernen, wo ich hingehöre. [...] Das treibt mich auch sehr um, weil ich mich da mit mir noch nicht im Reinen fühle. In der Wirtschaft zu arbeiten und Achtsamkeit anzulegen, ist immer schwierig." (Frieda)

Hierbei werden besonders stark die Auswirkungen der Achtsamkeit sichtbar. „Achtsam zu sein" hat die Konsequenz, dass ich Schwierigkeiten damit haben kann in einem (anderen) Teil meines Lebens nach wie vor „unachtsam zu sein". Es ist also ein Prozess, der zu noch weitergehenden Auswirkungen bei den Praktizierenden führen kann. An diese persönlichen Veränderungen haben Neulinge der Achtsamkeit vielleicht nicht gedacht, als sie mit der Praxis der Achtsamkeit angefangen haben.

6.4.2.3 Zeitliche Auswirkungen

In Bezug auf die zeitlichen Auswirkungen wurde von den Experten – zur Erinnerung – angenommen, (1) man könne die zur Verfügung stehende Zeit bewusster gestalten, (2) man werde innerlich ruhiger und (3) man sei in der Lage den gegenwärtigen Moment stärker wahrzunehmen und wertzuschätzen. Das Ergebnis zeigt: Einen guten Umgang mit der Zeit zu pflegen, ist auch für die „Achtsamen" unter uns schwierig.

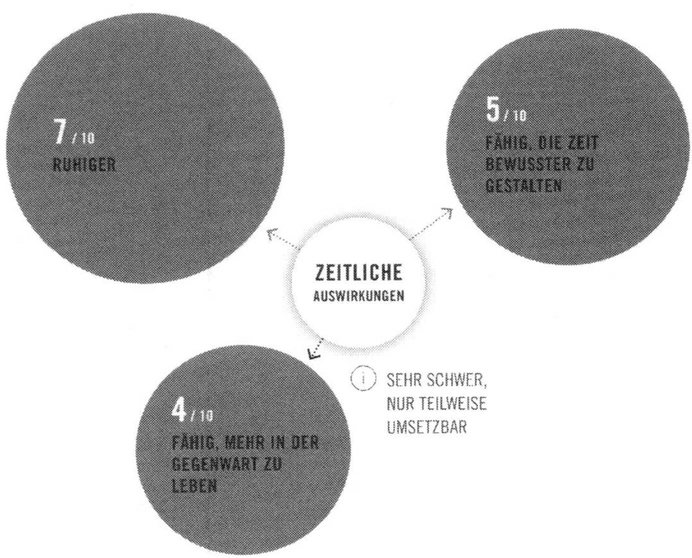

Abb. 19: Die im Rahmen der Interviews herausgearbeiteten zeitlichen Auswirkungen der Achtsamkeit (Eigene Darstellung)

1. Fähig, die Zeit bewusster zu gestalten:

Fünf der Gesprächspartner gaben auf die Frage, wie sich Achtsamkeit auf ihren Umgang mit der Zeit auswirke wieder, sie schaffen es besser, ihre zur Verfügung stehende Zeit zu nutzen.

„Wenn ich darüber nachdenke, ist das einerseits, wenn ich einen normalen Wochentag nehme, […] fand ich es früher etwas krass, dass ich manchmal einen halben Tag gearbeitet habe, aber wenn ich überlegt hab, was ich eigentlich gemacht habe, könnte ich es gerade gar nicht sagen, weil das mal hier mal da so ein „Troubleshooting" ist. Das ist ja auch normal, manchmal ist das der Job. Aber, wenn ich zwischendurch meinen „mindful moment" habe, dann bin ich letztens einfach in ein Café gegangen, habe mir einen Espresso gekauft und habe den in aller Ruhe getrunken, ohne dass ich am Computer gesessen habe. Das ist dann eine sehr coole Struktur. Das heißt nicht, dass ich mehr geschafft hätte an dem Tag – wahrscheinlich eher im Gegenteil, weil mir ja fünf Minuten gefehlt haben – aber für mich war das eher, dass ich mir dann sagen kann: „Okay, was habe ich heute gemacht? Ich hab heute gearbeitet, aber ich habe zumindest mal drei Pausen gemacht und an nicht so viel gedacht, außer das Getränk oder den Geschmack oder so." " (Kaspar)

„Was auch oft unbewusst ist oder früher war: „Jetzt ist es 20Uhr – ich muss jetzt Tagesschau gucken!". Das ist einfach nur ein blöder, unbewusster Mechanismus." (Harry)

„Und ich bin auch sehr viel klarer, wenn Zeit verschenkt wird. Wenn zum Beispiel in einem Meeting oder Gespräch alles gesagt ist, dann bin ich heute sehr viel deutlicher und sage: „Eigentlich haben wir jetzt alles gesagt, wir sollten aufhören." Und das bringt auch wieder Zeitersparnis in einem Sinne, dass man nicht unnötig und unsinnig viel redet und nicht zum Ende kommt." (Friedrich)

2. Ruhiger:

Ein Großteil der Interviewten (7 von 10) erwähnten, ihnen gelinge es tatsächlich durch die Achtsamkeit besser innerlich ruhig zu sein; das Hauptmotiv „Ruhe" (s. Kapitel 6.2) hinter der Achtsamkeit, ist also für die meisten auch umsetzbar. Besonders interessant ist, dass vier der sieben Aussagen von einer starken inneren Getriebenheit handeln, welche durch das achtsame Beobachten eigener Empfindungen besser in den Griff zu kriegen zu sein scheint. „Leerzeiten", wie das in der Supermarktkasse anstehen, werden als „Geschenk" empfunden, welche dazu dienen können, sich mit sich selbst auseinanderzusetzen. Die Verhaltensweise ändert sich anscheinend enorm durch die Achtsamkeit, man könnte fast die Konsequenz ziehen, die Achtsamkeit führe dadurch zu einem friedvolleren Miteinander in der Gesellschaft:

„Ja, es hat sich etwas entscheidend verändert, dass ich mich nicht mehr vor Leerzeiten fürchte. Klingt jetzt etwas komisch, dass ich „fürchte“ sage, aber so war das nunmal einfach früher. Leerzeiten heißt, dass man einfach nichts zu tun hat oder es gibt eine Verspätung. Ob das im Auto im Stau, Wartezeit oder in der Schlange ist, das sind für mich Leerzeiten. Das war früher nicht akzeptabel, weil nicht produktiv. Da konnte ich nicht ruhen. Heute bin ich da sehr viel gelassener, weil ich mir sage, dass es ja auch mein Leben ist. Mit diesen Seiten gehe ich dann auch locker um und sehe die manchmal auch als ganz gutes Geschenk, um sich wieder mal mit mir kurz beschäftigen zu können. Also das hat sich am meisten verändert. […] Das [trägt] zu einer Gelassenheit bei, die den ganzen Tagesablauf entspannt. Ich rege mich eben in den Zeiten nicht auf oder hetze mich auch nicht, sondern nutze die Zeiten dann eben auch sehr bewusst für mich.“ (Friedrich)

„Ich bin eher so ein ungeduldiger Typ, der dazu neigt auf die Uhr zu gucken und zu denken: „Man, wann geht es hier endlich vorwärts?“, und jetzt, wenn ich diese Neigung bei mir merke, dass ich dann schon etwas schmunzeln muss und denke: „Das ist eben, wie du bist. Kannst du jetzt auch sinnvoll nutzen!“ Also gar nicht, dass ich dann meditiere oder so, aber mich einfach frage, was ich dann jetzt machen kann außer die Möglichkeit zu nutzen, wütend zu werden.“ (Ina)

„Das ist echt ganz spannend, dass man nur ans Atmen denkt und an nichts anderes und die Gedanken vorüberziehen lässt. Das finde ich ein sehr interessantes Gefühl. Und ich finde es auch danach spannend, dass ich es immer eine Weile lang schaffe, ganz entspannt und ruhig zu sein. Manchmal glaube ich, bin ich hyperaktiv und danach ist das dann gar nicht mehr der Fall.“ (Kaspar)

„Die Achtsamkeit hilft mir zu reflektieren. Man merkt dabei, dass es immer die gleichen Momente sind, bei denen man nervös wird. Zum Beispiel die Supermarktkasse, an der es dir nicht schnell genug vorangeht und man hat das Gefühl man verschwendet Zeit. Oder bei mir ist es die Mittagspause, bei der ich denke, dass ich jetzt produktiver sein müsste. Diese Momente reflektiert man mit der Achtsamkeit ganz gut, wenn man sieht: „Oh, der Nervositätsmechanismus fängt wieder an… wie läuft der denn heute ab? [Frage durch Interviewer: Also du schaffst es, wenn es dir auffällt, eine Position als äußerer Beobachter einzunehmen?] Nicht immer, aber manchmal. Zumindest verstehe ich den Mechanismus, wenn ich mich der Nervosität hingebe. Dann weiß ich wieso da was passiert.“ (Peter)

3. Fähig, mehr in der Gegenwart zu leben:

„Im Moment sein" – so wird Achtsamkeit häufig vereinfacht ausgedrückt. Wie schwer dies zu sein scheint, kommt erst heraus, wenn man die Praktizierenden bewusst nach ihrem Verhältnis zur Gegenwart fragt. Bis auf Lara, deren „Motto" ist, in der Gegenwart zu leben, sie jedoch keine Veränderung speziell durch die Achtsamkeit feststellt, scheint es für den Rest der Praktizierenden enorm schwer zu sein, im Alltag bewusst mehr in der Gegenwart zu sein. Neben Kaspar, der bereits in dem Kapitel „Sachliche Auswirkungen" zitiert wurde, wie er es bei einem Abendessen schafft, bewusst den Moment zu genießen, berichten als weitere Personen nur Peter, Oskar und Mia von ihren Erfahrungen mit dem Hier und Jetzt:

„Ich glaube, dass es Momente gibt, die ich viel mehr genieße. Momente der Auszeit oder der Stille. Also eher Momente, die ich früher nicht so wahrgenommen habe, weil sie leere Momente waren, sowas wie eine Mittagspause. Da habe ich mir früher eher gesagt, dass das verschwendete Zeit ist. Da habe ich lieber gearbeitet und wollte später dann früher nach Hause, was ich dann aber doch nicht gemacht habe. Ich glaube solche Auszeiten gönne ich mir mittlerweile viel häufiger. Also wenn ich ab 17 Uhr nicht mehr arbeite, es viel häufiger schaffe mir zu sagen, dass ich das jetzt darf. Oder am Wochenende mir sagen kann, dass jetzt Wochenende ist oder im Urlaub auch wirklich Urlaub ist." (Peter)

Mia und Oskar, die beide noch nicht lange meditieren, erzählen davon, dass sie es während des Schweigeretreats oder des MBSR-Kurses zwar sehr gut schafften bewusst mehr in der Gegenwart zu sein, zurück in der „Alltags-Realität" es sich aber als schwierig herausstellt:

„Jetzt bin ich ja gerade zwei Wochen ohne den Kurs und das mit dem täglichen Meditieren kriege ich ganz gut hin, aber das mit der ständigen Achtsamkeit im Alltag nicht so gut. […] Ja, Momente auf jeden Fall. Ich merke aber auch, dass meine Ansprüche zu hoch sind, dass es zu schnell mehr Momente werden sollen. Aber ich habe auf jeden Fall solche Momente, denn in dem Kurs gab es auch ein paar Aufgaben uns eine Tätigkeit herauszusuchen und die achtsam zu machen. Das behalte ich eigentlich so bei. Mir fiel es leicht bei Sachen im Bad, weil ich da eh bei mir und meinem Körper bin, also beispielsweise beim Duschen oder Zähneputzen." (Mia)

„Andererseits merke ich aber auch wie krass es ist, wenn du in deinem Alltag bist mit Arbeit und Organisieren und Wohnung finden und Geld überweisen usw. und wie sehr man doch daran hängt.

Und dann ist es jedes Mal eine Übung – du musst jedes Mal zurückkehren. […] Dieses Zeitverständnis und diese Abhängigkeit steckt so tief in einem drin." (Oskar)

Harry erklärt die Schwierigkeiten, die er hat, wenn er versucht mehr in der Gegenwart zu leben:

„Von vielen Meistern wird gesagt, dass die meisten entweder in der Vergangenheit leben oder in der Zukunft. Diese Gegenwart, was das eigentliche Leben ist, wird vernachlässigt oder ist gar nicht vorhanden. Ich kann damit auch noch nicht umgehen […]. Man denkt immer, was war gestern und was mache ich morgen und übermorgen? […] Hier und Jetzt ist die Welt in Ordnung. Aber wenn du jetzt Stress hast, dann ist das ja nicht der Stress in der Gegenwart, sondern weil da gestern was war oder vorgestern oder du glaubst, dass da morgen etwas sein wird." (Harry)

6.4.3 Erkenntnisse

In der Wissenschaft um die Achtsamkeit wird diskutiert, ob man Achtsamkeit als eine grundlegende Eigenschaft einer Person (*Trait*) oder als einen kurzfristig veränderbareren Zustand (*State*) beschreibt (vgl. u.a. Gehart 2012: 7 f.). Wenn man Achtsamkeit jedoch nur als vorgegebene oder nur sehr langsam veränderbare „Eigenschaft" beschreiben würde, schließe man meines Erachtens aus, dass sich das Maß der Auswirkungen der Achtsamkeit über den Zeitraum hinweg verändern kann. Und in allen 10 Interviews wird davon gesprochen, dass sich – zwar in unterschiedlichen Dimensionen – tendenziell immer mehr Auswirkungen erkennen lassen. Gleichzeitig beschreibt der Begriff „Zustand" die Achtsamkeit auch nicht zufriedenstellend, denn damit wird ignoriert, dass sich der Charakter des Praktizierenden verändert. Wie aufgezeigt wurde, beschreiben sich sechs Personen heute durch das Praktizieren der Achtsamkeit als viel empathischer oder toleranter und können ihr eigenes Handeln besser reflektieren. Achtsamkeit kann also weder als ein Zustand noch als eine reine Eigenschaft beschrieben werden. Ich schließe mich Lothar Schwalm an und denke Achtsamkeit sollte eher als eine Art Fähigkeit oder Kompetenz (s. Kapitel 6.2.1) angesehen werden, welche sich in der Zeit verstärken kann und sichtbarer wird.

Diese mithilfe der Interviews herausgearbeiteten Fähigkeiten sollen hier noch einmal modellhaft dargestellt werden, wobei neben den drei äußerlichen (sozialen, sachlichen und zeitlichen) Dimensionen auch noch die bereits in anderen Kapiteln herausgearbeiteten inneren, individuellen Auswirkungen einbezogen werden:

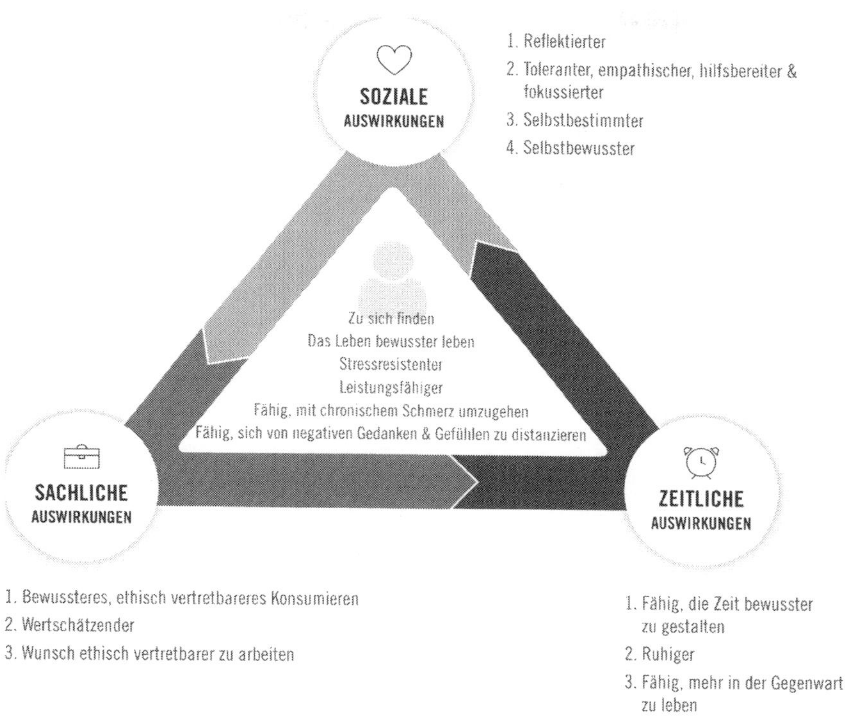

Abb. 20: Innere (individuelle) Auswirkungen und äußere (soziale, sachliche und zeitliche) Auswirkungen der 10 Praktizierenden (Eigene Darstellung)

Kadampa Meditationszentrum Berlin

Chausseestraße 108

Vor der Meditation

Meine Erwartungen an das Kadampa Meditationszentrum in der Chausseestraße in Mitte sind groß. Von 12:30 Uhr - 13:00 Uhr wird hier eine geleitete Meditation in der Mittagspause zum „Durchatmen, Entspannen und Entschleunigen" angeboten. „Meditation and Modern Buddhismus" steht groß auf der mit Bildern – junger, hipper Leute – gefüllten Website. Vielleicht bekomme ich hier einen Einblick in diese Szene, die es laut den Zeitschriften, wie der *Flow* oder *emotion slow* gibt. Oder vielleicht kommen eben auch die „achtsamen Manager", die der *Harvard Business Manager* zufolge heutzutage alle in der Mittagspause meditieren.

Das Zentrum glänzt golden in dem von Büros gesäumten Viertel. Durch die großen Fensterscheiben lässt sich schon ein Blick auf die ein oder andere buddhistische Figur erhaschen. Kaum öffne ich die Glastür kommt auch schon ein Mönch in einem bordeauxroten Gewand angelaufen und begrüßt mich herzlich. „Warst du schon einmal hier?", möchte er wissen. Nachdem ich verneine, erklärt er mir, wo ich meine Schuhe ausziehen kann, wo die Toiletten sind, dass ich meine Handtasche mit in den Meditationsraum nehmen darf, und fragt mich, ob es mir etwas ausmacht, die fünf Euro gleich am Anfang zu zahlen. Nach der Bezahlung fragt er mich freundlich, ob ich hier in der Nähe arbeite und ich gestehe, dass ich extra von Zuhause gekommen bin. Dann ist er noch interessiert daran, wie ich auf dieses Meditations-Zentrum gekommen bin und ich erzähle, dass ich sonst immer alleine meditiert habe, aber gerne ein bisschen mehr dazulernen möchte. Prompt werde ich zu dem Vortrag „Inspirierende Lösungen für schwierige Zeiten" am Abend eingeladen.

EXKURS

Wir gehen in den Meditationsraum nebenan. Auf ca. 60m² sind rund 30 Meditationskissen in Richtung eines Altars ausgerichtet. Der Altar besteht aus einer Glasvitrine, in der auf vier Meter Breite verschiedene goldene Buddha Figuren aufgebaut sind. Vor der Vitrine ist ein Bild platziert, das einen Meditationsmeister zeigt. Im Nachhinein erfahre ich, dass es der Ehrwürdige Geshe Kelsang Gyatso Rinpoche ist, ein international anerkannter Lehrer des Buddhismus. Ich frage mich, ob es mir nicht ein bisschen zu kitschig, ein bisschen zu fremd ist. Und irgendwie ist es doch auch falsch, denn ich bin doch eigentlich evangelisch – zumindest getauft, wenn auch nicht aktiv praktizierend. Ist es nicht verlogen hier mitzumachen, aber eigentlich gar nicht genau über den Buddhismus Bescheid zu wissen? Vor einem Altar zu sitzen und gar nicht zu wissen, wen oder was man da verehrt? Ich bin unentschlossen.

Bisher ist nur ein anderer Gast da, der bereits in stocksteifer Meditationshaltung in sich gekehrt auf seinem Kissen sitzt. Ich schätze er ist um die 50 Jahre alt, trägt eine Jeans und ein Hemd, ist weder besonders esoterisch noch verkörpert er den klassischen Manager. Während auch ich meine Haltung einnehme, kommt eine englischsprachige Frau herein. Sie interessiert sich für das Zentrum, hat jedoch jetzt nicht direkt Zeit an einer Meditation teilzunehmen.

Der Mönch kommt schließlich zurück und setzt sich uns gegenüber in einen Stuhl. Er redet eine Mischung aus Englisch und Deutsch – anscheinend kommt auch der Mann neben mir nicht aus Berlin. Wir entscheiden uns anzufangen, da wohl keiner mehr kommt. Der Lehrer sagt gleich zu Beginn, dass es im Buddhismus darum ginge das Glück zu finden. Laut buddhistischer Tradition entstehen alle unsere Probleme und Leiden aus verwirrten und negativen Zuständen des Geistes, wohingegen all unser Glück aus friedvollen und positiven Geisteszuständen erwacht. Glück sei also ein Geisteszustand. „Wenn unser Geist rein und friedvoll ist, werden wir unabhängig

EXKURS

von unseren äußeren Umständen glücklich sein“, sagt der Mönch so oder so ähnlich. Ist unser Geist aber unrein und ohne Frieden, werden wir niemals Glück finden, wie sehr wir uns auch bemühen, unsere äußeren Bedingungen zu verändern. Wichtig sei also die Meditation nicht nur partiell auszuführen, sondern sich stattdessen durch den Tag hindurch an den ruhenden Geist zu erinnern. Der Meditationslehrer empfahl uns täglich mindestens zehn Minuten zu meditieren und zusätzlich Erinnerungsanker beim Kaffeekochen, Schuhezubinden oder auf der Toilette zu setzen. Auf diese Weise würden wir – wie bei einer neuen Sportart, oder einem Instrument – zwar anfängliche Schwierigkeiten haben, doch mit der Zeit immer leichter zur Ruhe kommen können. Als Metapher für die Ruhe im Geist, nennt er den blauen Himmel. Ich kenne diese Geschichte schon aus meiner App *Headspace* und dem dazu erschienenen Buch von Andy Puddicombe (2012: 67) und freue mich insgeheim, dass ich Meditation auch in der digitalen Welt wohl doch nicht so falsch kennengelernt habe. Die Metapher geht so: Selbst, wenn es den Anschein hat, als gäbe es nur große, dunkle, schwere Wolken am Himmel, ist es über ihnen immer noch blau. Der Himmel ist also immer blau, auch wenn manchmal große Wolken – sprich viele Gedanken – den blauen Himmel verdecken. Bei all den Gedanken, die wir manchmal haben, vergessen wir fast, wie ein blauer Himmel aussieht. Und weiter geht es um die Idee, dass die ursprüngliche Natur des Geistes, so wie der blaue Himmel, sich nicht verändert, was auch immer wir erfahren.

EXKURS

Bei der Meditation

Dann geht die Meditation los und der Meditationslehrer sagt uns wir sollen uns aufrecht, aber nicht verkrampft hinsetzen und langsam die Augen schließen. Es geht darum sich auf den Atem zu konzentrieren, wir sollen den Fokus auf uns richten und den Rest versuchen auszublenden. Das ist anders als bei dem Zentrum in Neukölln, denke ich mir, indem es darum ging, uns genau nicht von der Außenwelt abzuschotten. Es wird erklärt, dass der Atem an der Nasenspitze, an den Nasenflügeln oder in der Nase gespürt werden kann, wir uns nur festlegen sollen, worauf wir genau unsere Aufmerksamkeit richten werden.

Ich spüre die Luft höchstens in der Nase und entscheide mich dafür mich den Rest der Meditation auf die Luftströme in der Nase zu konzentrieren. Während der ganzen Meditation werden wir von dem Mönch geleitet. Seine Stimme ist angenehm. Mir hilft es, immer wieder daran erinnert zu werden, mich auf den Atem zu konzentrieren.

Nach der Meditation

Nach zwanzig Minuten ist die Mittagsmeditation vorbei. Wir werden noch auf verschiedene Kurse hingewiesen und auf ein Buch über den Modernen Buddhismus, das es kostenlos zum Download gibt. Der andere Mann geht und ich schaue mich noch ein bisschen im Vorraum bei den Büchern um. Der Mönch kommt noch einmal zu mir und wir kommen in ein Gespräch. Ich erfahre, dass er seit 10 Jahren Buddhist ist. Er habe viele Therapien gemacht und auch wenn echt vieles in seiner Familie nicht gerade toll war, ist er heute der Meinung, die Schuld seiner Probleme nicht einfach auf andere projizieren zu können. Der Buddhismus macht für ihn am meisten Sinn. Albträume, die ihn sein Leben lang verfolgt haben, hat er geschafft loszuwerden oder umzuschreiben, sodass dieselben Träume heute zu schönen Träumen geworden sind. Als ich sage, dass ich mir nicht sicher bin, woran ich glaube und mich noch nicht so auskenne, aber allein die Erfahrung der Meditation sehr gut tut, erklärt er auch noch einmal, dass es bei ihnen im Zentrum ganz egal ist, woran man glaubt oder nicht glaubt. Das finde ich sehr sympathisch. Dann kommen wir aber auf das Thema Reinkarnation und plötzlich wird es mir doch ein bisschen zu buddhistisch für den Anfang. Ich bedanke mich und gehe tatsächlich mit einem etwas ruhigeren Geist nach Hause.

Fazit

Die Stimmung war sehr herzlich und offen und auch die Meditationsanleitung war für Anfänger unkompliziert und leicht zu verstehen. Das „Anbeten" goldener Figuren, die ich nicht kenne und vielleicht auch die Robe und die letzten Worte über Wiedergeburt des Mönchs waren mir persönlich aber dann doch zu viel. Schade war auch, dass wir nur zu dritt in dem Zentrum waren. Wenn die Gemeinde im Buddhismus anscheinend so wichtig ist, hätte ich gern die Erfahrung einer Gruppenmeditation gemacht. Insgesamt habe ich für mich festgestellt, dass ich die buddhistische Tradition zwar spannend finde, für meine eigene Achtsamkeitspraxis aber nicht brauche.

EXKURS

6.5 Verbreitung der neuen Achtsamkeit

Da der Trend um die Achtsamkeit durch die vorherigen Untersuchungen nun besser verstanden wird, soll dieses Kapitel eine Einschätzung darüber geben, wie verbreitet und „normal" Achtsamkeit in Deutschland heute ist. Um dies beurteilen und am Ende des Kapitels den Trend in eine „Lebenszyklusphase" einordnen zu können, wird vorab der „Trend-Lebenszyklus" nach Ryan Mathews und Watts Wacker erklärt.

6.5.1 Trend-Lebenszyklus nach Mathews und Wacker

Gesellschaftliche Themen wurden als erstes durch Anthony Downs (1972) in Form von Lebenszyklen dargestellt (vgl. Liebl und Schwarz 2010: 7), das hier zu Grunde liegende Modell soll jedoch jenes von Mathews und Wacker (2003) sein, da dieses Konzept heute als vollständiger interpretiert wird (vgl. Liebl und Schwarz 2010: 8).

Der in Abbildung 21 aufgezeigte Trend-Lebenszyklus zeigt, dass Mainstream-Trends von „Abweichlern" und „Freaks" geschaffen werden. Zwar gehen Mathews und Wacker nicht davon aus, dass jeder Trend es schafft, all diese Phasen zu durchlaufen, dennoch sollen hier kurz die einzelnen Phasen skizziert werden, um später selbst eine Einstufung des Achtsamkeits-Trends vornehmen zu können.

Die erste Phase „Niemandsland" beschreibt die Phase des „Abweichlers", der mit seinen verrückten Ideen nicht ernst genommen wird und dessen Ideen erst recht kein Marktpotenzial darstellen (vgl. Mathews und Wacker 2003: 46). Erst wenn die neue abweichende Idee interessant oder „cool" erscheint, spricht sie sich mehr und mehr herum, es beginnt sich ihr kommerzielles Potenzial herauszubilden (Phase 2: Rand der Wahrnehmung, vgl. Mathews und Wacker 2003: 48). Eine wachsende Welle an Zustimmung trägt die Abweichung nach oben. Die Einstellung der Medien ändert sich plötzlich grundlegend: das „kuriose Thema", über das höchstens spöttisch berichtet wurde, wird cool – die Akzeptanz wächst und die Berichterstattung nimmt positivere Züge an (Phase 3: Nimbus des Coolen, vgl. Mathews und Wacker 2003: 52). Ob sich der Trend bereits in der nächsten Phase, der „Modeerscheinung" befindet, erkenne man nach Mathews und Wacker (2003: 62) besonders daran, wenn man überprüfe, wer sich gerade für ihn interessiert: „Die großen Konzerne wagen sich üblicherweise erst aus der Deckung, wenn eine abweichende Idee zu einer Modeerscheinung geworden ist." Die nächste Stufe „Gesellschaftliche Konvention" ist bekannt: Das Abweichende wird gesellschaftlich anerkannt und akzeptiert und findet Eingang in das Denken der Mehrheit. Die Schlagzeilen heißen: „Hier ist etwas, was man haben muss oder tun muss.", (Mathews und Wacker 2003: 64).

	NIEMANDSLAND	RAND DER WAHRNEHMUNG	NIMBUS DES COOLEN	MODE-ERSCHEINUNG	GESELLSCH. KONVENTIONEN
Behandlung in den Medien	Berichte über Verhaftungen oder Todesfälle von Abweichlern	Kuriosität; Freak	Was man wissen muss	Wo man dabei sein muss	Was man haben oder tun muss
Größe des Publikums	Eine Person	Begrenzt	Nennenswerter Anhang	Große Anhängerschaft	Massenmarkt
Wer profitiert (soweit ein Nutzen vorhanden ist)	Ursprüngliche Abweichler	Ursprüngliche Abweichler	Medien; Trendforscher; Unternehmer	Firmen, die das Modephänomen vermarkten	Unternehmen, die einen Massenmarkt aufbauen
Wirtschaftliches Potenzial	0 %	1-5 %	10-25 %	30-40 %	70-100 %
Rolle des Initiators	Urheber	Gegenstand der Verkehrung	Wird mehr oder weniger toleriert	Bezugspunkt	Muss sich verändern oder wird ausgeschaltet
Authentizitätsquotient	100 %	85-90 %	60-70 %	30-40 %	10 %
Kommunikationsmedium	Urheber	Mundpropaganda	Ereignisse; Feature Artikel	Berichterstattung in Mainstream Medien	Werbung & Marketing
Beziehung zur etablierten Gesellschaft	Antagonistisch	Feindselig	Tolerierung; Flirt	Wertschätzung; Kultivierung	Akzeptanz

Abb. 21: Der Trend-Lebenszyklus nach Mathews und Wacker (2003: 44)

Mit diesem Modell sollen nun die Aussagen der Experten und Praktizierenden analysiert werden, um danach selbst eine Einschätzung über die Lebenszyklusphase des Achtsamkeits-Trends treffen zu können.

6.5.2 Von der Angst nicht normal zu sein

„Nicht normal zu sein“ ist nach Jürgen Link die Grund-Angst der Moderne (2009: 352). Von dieser Angst berichten auch die Experten und Praktizierenden, denn „normal“ schien es anfangs nicht zu sein, zu meditieren oder das Wort Achtsamkeit zu verwenden. Niklas Fehr, der 2014 eine Konferenz für Führungskräfte zum Thema Achtsamkeit organisierte, erzählt beispielsweise davon, wie schwer es war, meditierende Manager davon zu überzeugen, öffentlich etwas über die Praktik zu berichten:

„Wir haben dann Führungskräfte und Manager, zu denen wir einen warmen Draht hatten und von denen wir wussten, dass sie es selber praktizieren angesprochen. Selbst die sagten so: „Ja, ich finde das gut, ihr macht das auch, aber der Botschafter im Unternehmen dafür will ich jetzt auch nicht unbedingt sein. Die Vorstandskollegen müssen das nicht gleich alle wissen.“ […] Man zeigt damit vielleicht… Das wird dann ein bisschen so wahrgenommen… Man ist schwach oder man hat Stress und das ist, wie eine Therapie und dann noch sowas, was halt irgendwie sowas Esoterisches hat. Es hatte noch dieses Image, gerade in Deutschland.“

Friedrich erzählt, dass der Begriff Achtsamkeit vor sechs Jahren noch gar nicht bekannt und die Meditation sehr negativ besetzt gewesen sei:

„Also damals war das noch ganz unnormal! Ich habe vor sechs Jahren ein Buch über Führung geschrieben, wo ich den Begriff Achtsamkeit verwendet habe, ohne mir im Klaren zu sein, was aus dem einmal wird. Und bei Meditation hat jeder Mensch sofort das Räucherstäbchen gesehen.“

Auch Peter, der seit 3,5 Jahren meditiert, berichtet davon, dass ihm das Meditieren anfangs wie eine Schwäche vorkam und er mit dem esoterischen Image nicht in Verbindung gebracht werden wollte:

„Damals als ich angefangen habe, kannte ich niemanden, der meditiert. Und ich glaube, man hat damals Meditation in so eine spirituelle Eso-Ecke geschoben. Jetzt ist so, dass es dank Apps wie Headspace oder 7mind oder Magazine wie Flow oder wie sie alle heißen schon einfach, zumindest in meiner Altersgruppe der Gesellschaft, angekommen ist und man offen darüber reden kann. [Frage der Interviewerin: Warum war das früher nicht so ganz normal für dich? Was dachtest du, was die

Leute über dich denken würden?] Zum einen war es immer was Esoterisches, was ich immer schrecklich fand und finde und irgendetwas, was vielleicht auch Schwäche zeigt."

Die unterschiedlichen Beispiele zeigen: Noch vor drei, vier Jahren schien die Achtsamkeit ein Nischen-Phänomen in Deutschland gewesen zu sein. Praktizierende, gaben eine „Fassaden-Normalität" (Link 2009: 58) vor, d.h. sie haben zwar im Stillen meditiert, doch keiner sollte davon erfahren. Meditieren galt als Schwäche und war etwas für Esoteriker. Doch wie sieht es heute aus?

6.5.3 Trendstadium der neuen Achtsamkeit

Im Jahr 2014 muss sich etwas in dem Bereich Achtsamkeit getan haben; die Achtsamkeit wurde für viele Menschen interessanter. Diese Vermutung, die Achtsamkeit habe im Jahr 2014 die Phase der „Randwahrnehmung" verlassen, wird im Folgenden an verschiedenen Faktoren festgemacht:

Zum einen berichtet Lothar Schwalm davon, dass die Achtsamkeit „in den letzten paar Jahren" in die Breite gegangen ist und heute auch vermehrt von einer jüngeren Zielgruppe nachgefragt wird:

„Es gibt glaube ich in Deutschland 700 Leute im Verband, MBSR-Anbieter, im Moment. Also das ist nur im Verband und es gibt ja noch mehr. Ich weiß gar nicht, in Berlin kannte ich am Anfang alle und jetzt kenne ich halt… nur noch 50 Leute wahrscheinlich. Es ist in die Breite gegangen. Es sind sehr viel mehr Anbieter und es sind auch viel mehr Leute, die danach suchen."

„Früher hatte ich eher so das Gefühl, dass sie so 40 [Jahre] im Durchschnitt… Ende 30 bis Mitte 50, das war so die große Gruppe. Jetzt sind es doch eine ganze Menge, die in den Zwanzigern oder Anfang Zwanziger sind. Ich habe auch Leute, die 18, 19 sind, die gerade Abi machen oder so. Das war früher eher die große, große Ausnahme."

Niklas Fehr datiert das Jahr 2014 als den perfekten Zeitpunkt für die Gründung seiner Meditations-App:

„[Seit 2014 hat sich das Thema] verändert, auf jeden Fall. Wir haben Glück gehabt oder es hat uns sehr gut erwischt. Wir haben einen sehr guten Zeitpunkt erwischt. Als wir gestartet haben,

wurden wir noch sehr belächelt, auf jeden Fall. Also Meditation und Achtsamkeit überhaupt, musstest du jedem erklären, was es damit auf sich hat. Und die, die es kannten, haben gesagt: ‚Okay per App – völlig bescheuert!' "

Wie man eingangs gesehen hat, wurde der Zeitschriftenmarkt seit der *Flow* im Jahr 2013 jedes Jahr um mindestens eine neue Zeitschrift zum Thema Achtsamkeit bereichert.

Auch die meisten der Praktizierenden (7 der 10) haben in den letzten vier Jahren mit der Achtsamkeitspraxis angefangen. Wo Peter und Frieda noch im Jahr 2013 Schwierigkeiten hatten, anderen davon zu erzählen, dass sie meditieren, scheint es für Patrick – der im Jahr 2014 angefangen hat – gleich zu Beginn ziemlich normal gewesen zu sein. Das liegt sicherlich daran, dass er, ähnlich wie auch Kaspar, auf die Achtsamkeit über einen *TED* Talk von dem *Headspace* Gründer Andy Puddicombe – hip vermarktet und frei von Esoterik und Therapiecharakter – aufmerksam wurde (vgl. *TED* Talks 2013). Heute geben alle Praktizierenden wieder, dass sie es ziemlich „normal" finden zu meditieren, es jedoch nicht groß herumerzählen müssen. Einige erklärten, sie können auch in der Öffentlichkeit meditieren:

„Weil ich einfach überzeugt bin von diesem Konzept, habe ich überhaupt nichts dagegen das Leuten zu erzählen. Es ist jetzt nicht so elementar in meinem Leben, dass ich jeden, den ich neu kennenlerne gleich damit voll quatsche. Aber ich denke, dass man das Leuten erzählen kann." (Kaspar)

„Eigentlich erzähle ich das allen, die sich dafür interessieren. Also ich hänge das jetzt nicht groß an die Glocke. Das mach ich aber auch ein bisschen mit dem Hintergedanken, dass sie mich auch kennenlernen, mehr von mir wissen. […] [E]s gibt keinen Ort, an dem ich nicht meditieren würde. […] Ich muss zur Meditation nicht im Schneidersitz sitzen. Ich kann auch eine stille Meditation zwei Minuten in der Bahn machen." (Frieda)

„Aber ich rede auch so mit vielen Leuten [über das Schweigeretreat]. Viele sind daran interessiert, super viele. […]. Ich hab teilweise gar keine Lust mehr darüber zu sprechen. Meine Freundin meinte schon: „Du sprichst ja die ganze Zeit drüber!" Aber die Leute fragen auch danach. Die wollen wissen wie es war. Das ist Wahnsinn." (Oskar)

Auch Mia, die vor einem halben Jahr ähnlich wie Peter vor 3,5 Jahren einen achtwöchigen MBSR-Kurs belegte, erwähnt nicht, dass sie Schwierigkeiten damit habe anderen davon zu erzählen:

„Die Freunde, die wussten, dass ich einen MBSR-Kurs mache, oder gefragt haben, denen habe ich das auch genau erklärt. Oder den Leuten, die mich in den letzten zwei Monaten gefragt haben, wie es mir geht und was mich beschäftigt. […] In der Arbeit habe ich das auch erzählt, aber da wurde nie wirklich nachgefragt. […] Ich glaube, die wissen gar nicht wirklich was das bedeutet. Aber erzählen tu ich es gerne und will es auch erzählen und nach außen tragen." (Mia)

Diese Beispiele zeigen, dass definitiv eine Normalisierung stattgefunden hat. Das, was noch vor 3 Jahren missbillig als Schwäche und „esoterischer Kram" abgetan und dadurch heimlich gemacht wurde, ist heute längst einen Schritt weiter, es hat den „Nimbus" – den Heiligenschein – des Coolen erreicht und meines Erachtens schon überschritten (vgl. Abb 21).

	Niemandsland	Rand der Wahrnehmung	Nimbus des Coolen	Mode-Erscheinung	Gesellsch. Konventionen
Behandlung in den Medien	Berichte über Verhaftungen oder Todesfälle von Abweichlern	Kuriosität, Freak	Was man wissen muss	Wo man dabei sein muss	Was man haben oder tun muss
Größe des Publikums	Eine Person	Begrenzt	Bemerkenswerter Anhang	Große Anhängerschaft	Massenmarkt
Wer profitiert (soweit ein Nutzen vorhanden ist)	Ursprüngliche Abweichler	Ursprüngliche Abweichler	Medien, Trendforscher, Unternehmer	Firmen, die das Modephänomen vermarkten	Unternehmen, die einen Massenmarkt aufbauen
Wirtschaftliches Potenzial	0 %	1-5 %	10-25 %	30-40 %	70-100 %
Rolle des Initiators	Urheber	Gegenstand der Verehrung	Wird mehr oder weniger toleriert	Bezugspunkt	Muss sich verbeugen oder wird ausgeschaltet
Authentizitätsquotient	100 %	85-90 %	60-70 %	30-40 %	10 %
Kommunikationsmedium	Urheber	Mundpropaganda	Elitemedien, Feature-Artikel	Berichterstattung in Mainstream Medien	Werbung & Marketing
Beziehung zur etablierten Gesellschaft	Antagonistisch	Feindselig	Tolerierung, Flirt	Wertschätzung, Kultivierung	Akzeptanz

vgl. Abb. 21

Denn laut Mathews und Wacker handelt es sich wie eingangs erwähnt dann um die Phase der „Modeerscheinung", wenn u.a. große Firmen den Trend finanzieren und vermarkten. Und das scheint hier gerade seit ca. einem halben Jahr stattzufinden, wie das Interview mit Niklas Fehr verrät:

„Wir sind morgen in München bei einer neuen privaten Krankenversicherung. Die wollen jedem Mitglied die App für ein Jahr zur Verfügung stellen. Das ist schon mal ein erster Schritt in die richtige Richtung. Die Bahn launched demnächst ein Onboard Infotainment System, so wie du es im Flugzeug halt auch hast, sodass du Filme angucken kannst und Infos bekommst usw. Da sind wir grade auch als eine der Pilotfirmen dabei. Das ist noch nicht durch, aber die Chancen stehen ganz gut, dass wir da auch reinkommen und, dass du dann in der Bahn auf ein paar Meditationen zugreifen kannst.“

Wenn selbst Konzerne, wie die *Deutsche Bahn*, die vielleicht nicht unbedingt für die innovativsten Ideen bekannt sind, auf den „Achtsamkeits-Zug“ aufspringen und Medien längst nicht mehr nur spöttisch, sondern durchaus ernste Berichte über die Achtsamkeit schreiben, bedeutet das, dass das Thema seit 2016 wieder eine Trendlebenszyklus-Phase durchbrochen hat.

Es hat also seit 2014 eine doppelte Normalisierung stattgefunden: Aus einer klinischen, oder esoterischen „peinlichen Praktik“ wurde etwas sehr toleriertes, ernstzunehmendes, möglicherweise schon fast Cooles, das auch große Firmen im Jahr 2016 erkannt haben und den Anschluss nicht verpassen wollen. Wie an dem Modell von Mathews und Wacker zu erkennen ist, scheint diese Phase nun strategisch von großem Nutzen zu sein. In genau dieser Phase wird sich nun zeigen, in welche Richtung sich der Trend der Achtsamkeit entwickelt. Möchte man Einfluss auf den Trend nehmen, ihn ein Stück weit „mitschreiben“, bietet sich diese Phase strategisch gesehen am Besten an, da hier die Achtsamkeit bereits in einigen Gesellschaftskreisen bekannt ist. Trotzdem besteht noch die Möglichkeit vor großen Konzernen von dem Trend zu profitieren.

Im Folgenden soll der Trend noch einmal zu einer Trendlandschaft zusammengefasst werden, um hieraus mögliche zukünftige Entwicklungen ableiten zu können.

6.6 Trendlandschaft der neuen Achtsamkeit

Wie wird Achtsamkeit in der Öffentlichkeit thematisiert? Um sich dieser Forschungsfrage zu widmen, wurden umfangreiche Untersuchungen unternommen. Die Literaturrecherche wurde um Beobachtungen und Interviews mit Experten- und Praktizierenden ergänzt, um zu einem tiefgehenden Verständnis über die Praxis, die Motive, das Neue, die Auswirkungen bis hin zu der Verbreitung des Trends zu gelangen. Dieses Kapitel soll nun dazu dienen, den Trend noch einmal zusammenzufassen und zu systematisieren. Darauf aufbauend lässt sich einerseits leichter erkennen, durch welche Gegebenheiten der Trend zukünftig Schwierigkeiten haben könnte und andererseits aufzeigen, was ihm bislang fehlt, um die nächste Lebenszyklusphase zu durchbrechen.

Für diese Systematisierung wird wieder das Trendverständnis von Liebl zugrunde gelegt. Demnach geht es nach einer tiefgehenden Analyse darum, den Trend zu einem „Big Picture“, sprich einer „Trendlandschaft“ oder einer „Themen-Konstellation“ zusammenzufügen (vgl. Liebl 2000: 77). Die Aufgabe liegt hierbei nicht darin, Einzeltrends zu Megatrends zusammenzufügen, wie es häufig von Trendbüros und Zukunftsforschern gemacht wird, sondern darin „relevante Querverbindungen und Zusammenhänge“ aufzudecken (ebd.). Ein Trend ist laut Liebl durch die Verbindungen von unterschiedlichen Motiven (die auch als Themen bezeichnet werden können) gekennzeichnet, die ihrerseits teilweise in Verbindung zueinanderstehen (ebd.).

Die hier erarbeitete Trendlandschaft (Abb. 22) zeigt jene unterschiedlichen Motive und Themen um die Achtsamkeit herum auf. Wo einst im Wesentlichen nur zwei Themen, nämlich „Buddhismus“ und „Gesundheit“ miteinander verbunden waren, hat sich seit ein paar Jahren ein komplexes Geflecht unterschiedlicher Themen um die Achtsamkeit aufgetan. Die Methode wurde um Themen und Motive erweitert und konnte durch die Verknüpfung unterschiedlichster Interessen somit zu einem Trend werden.

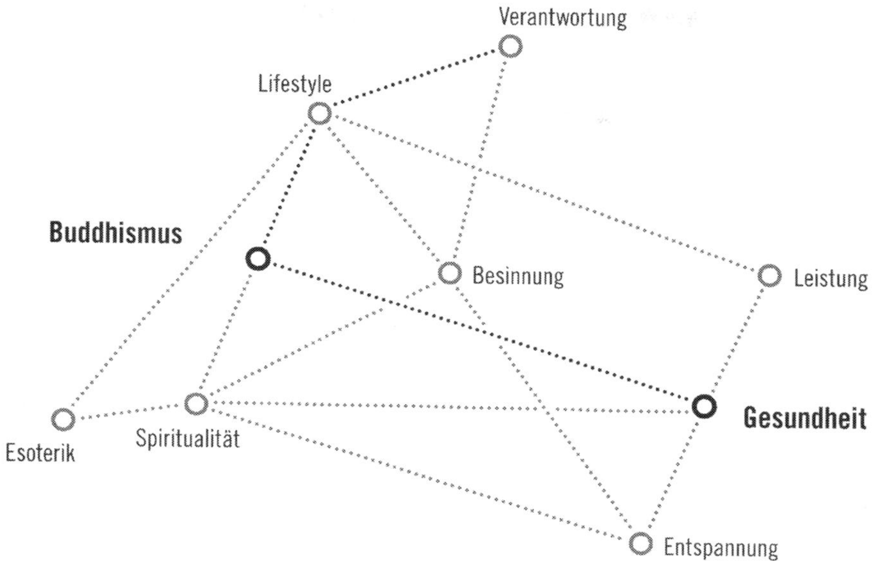

Abb. 22: Die Trendlandschaft um die Achtsamkeit (Eigene Darstellung)

Wie sich im Kapitel 6.3 herausgestellt hat, erfährt das Thema Achtsamkeit innerhalb unterschiedlichster Kontexte Beachtung. Dadurch, dass es säkular gelehrt wird, wissenschaftlich untermauert, einen buddhistischen Hintergrund hat und erfahrbar ist, scheint es innerhalb verschiedenster Kontexte anwendbar und für vielseitige Personengruppen attraktiv zu sein. Es kann anders, als die reine Meditation oder das Yoga, freier interpretiert werden und das genau macht den Trend auch für eher rationale Menschen interessant. Auf diese Weise lassen sich selbst paradoxe Motive, wie „Leistung" und „Entspannung" (bzw. „Ruhe" vgl. Kapitel 6.2) innerhalb des Trendgeflechts finden.

Zentral bei dem Trendgefüge ist der Aspekt der „Besinnung", der den größten gemeinsamen Nenner darstellt. Eingegangen wurde auf diesen Aspekt bereits mit Beispielen aus Werbung und Zeitschriften im Eingang dieser Arbeit. Hintergrund für das Motiv „Besinnung" ist die stark empfundene Beschleunigung, die Gefühle der

Überforderung, Unsicherheiten bis zu Entfremdung hervorruft. Die unterschiedlichen Anforderungen wachsen dem Individuum über den Kopf – es möchte sich auf das Wesentliche zurückbesinnen.

Das versucht es in der Freizeit – neben Praktiken, wie der Achtsamkeit oder dem Yoga – aber eben auch indem es Fitnessstudio, Second Screen und Social Media durch Handarbeiten, Töpfern, Holzhacken, Brotbacken und vieles mehr ersetzt. Gleichzeitig werden Zuhause Sicherheiten geschaffen und sich auf dem Land Auszeiten gegönnt. Die Sehnsucht, alle Sinne zu spüren, wächst, Langsamkeit (slow food, slow travel etc.) und Authentizität erfährt eine Renaissance. Statt Quantität wird Qualität nachgefragt, Reduktion, Minimalismus und Einfachheit – das sind alles Anschlüsse, die um den Besinnungsaspekt in der Themenlandschaft der Achtsamkeit kreisen.

Für die einen ist jene Besinnung mit Verantwortung verbunden. Aufgrund des Klimawandels sollte man sich im Fleischkonsum, Autofahren und Shoppen „besinnen", heißt reduzieren. Für andere spielt dieser ethische Aspekt eine untergeordnetere Rolle, es geht mehr um das individuelle Bedürfnis, besser mit Stress umzugehen, sich zu entspannen oder bei einem Lifestyle mitzumachen, bei dem Reduktion cool zu sein scheint (wie z.B. beim „Digital Detox", bei dem man das Handy mal ausnahmsweise Zuhause lässt). Für wieder andere bedeutet Besinnung, sich auf etwas höheres Spirituelleres zu besinnen, dies kann auch mit Lifestyle-, Entspannung- oder gesundheitlichen Aspekten verknüpft werden.

Gemäß Liebl (2000: 65) hat ein Trend besonders dann gute Erfolgschancen, wenn Motive aus ganz unterschiedlichen Kontexten zusammenwirken. Das scheint bei dem Trend um die Achtsamkeit der Fall zu sein, doch bedarf er auch genau jener bunten Mischung, damit er überhaupt zukünftig erfolgreich sein kann.

Damit ist gemeint, dass sich der Trend, meiner Ansicht nach, weder zu stark in die rein spirituelle Richtung entwickeln sollte, denn das schreckt – wie gesehen wurde – einige Praktizierende ab; noch sollte sich die Achtsamkeit als ein reines Werkzeug zur Leistungssteigerung etablieren, denn das würde nur dazu führen die Beschleunigung weiter voranzutreiben (vgl. Akzelerationszirkel in Kapitel 2). Außerdem könnte es unter diesem Aspekt auch jegliche ethischen Aspekte verlieren, ja sogar für unethische Ziele angewandt werden (wie z.B. im militärischen Umfeld). Anhand der Kritik in den Medien zeigt sich aber auch, dass sich das Konzept nicht in die reine „Lifestyle-“ und „Entspannungs-“ bzw. „Wellness-Ecke“ entwickeln darf, denn wenn es sich bei der Achtsamkeit – wie die *ZEIT* (2016) beschreibt – nur um „Ausmalbücher für Erwachsene“ und um’s „Kastaniensammeln“ handelt, vergrault das Neulinge und diejenigen, die Achtsamkeit vor einem ernsteren Kontext praktizieren möchten.

Die Schwierigkeiten in dem Achtsamkeitstrend liegen also in den vier Extremen: Lifestyle, Spiritualität, Leistung und Entspannung. Die Medien greifen diese gerne auf, um aus der Achtsamkeit z.B. einen reinen Bastelquatsch für Erwachsene zu machen oder zu kritisieren, dass eine alte buddhistische Tradition zu einem Steigerungstool verkommt (vgl. dazu Kapitel 8 „Kritische Auseinandersetzung“). Was könnte also den Trend in seiner bunten Mischung vorantreiben und ihm zum Durchbruch in die nächste Lebenszyklusphase verhelfen?

Bekennt man sich zum Buddhismus, so schließt man sich drei Dingen an: dem Buddha, also dem Lehrer, dem Dharma, d.h. der Lehre und der Sangha, sprich der Gemeinschaft (vgl. Deutsche Buddhistische Union b). Daran lässt sich der hohe Stellenwert erkennen, welcher dem gemeinschaftlichen Aspekt im Buddhismus beigemessen wird. In der heutigen Form der Achtsamkeit haben wir zwar den Lehrer und die Lehre – wenn auch häufig nur virtuell auf dem Bildschirm unserer Smartphones – nicht aber die Gemeinschaft.

Dadurch, dass das Thema Achtsamkeit in Deutschland erst seit ca. drei Jahren an Popularität gewinnt, gibt es momentan höchstens Achtsamkeits-Szenen im traditionellen buddhistischen Kontext, in Yoga Studios, MBSR-Kursen oder auf wissenschaftlichen und wirtschaftlichen Konferenzen und Kongressen (vgl. bspw. die von Niklas Fehr veranstaltete Meditations-Konferenz für Führungskräfte). In den Städten scheint es noch keine Treffpunkte zum Meditieren innerhalb eines neutraleren oder cooleren Kontextes zu geben. Mit einem neutraleren Treffpunkt ist hier gemeint, dass Achtsamkeit erstens losgelöst von Yoga Studios erscheint, zweitens in weltlich eingerichteten Räumen (weiße Wände, keine Räucherstäbchen) und drittens unabhängig von dem Image der MBSR-Kurse („Achtsamkeit ist etwas für Kranke") praktizierbar ist. Keine der interviewten Personen, bis auf Frieda, die Achtsamkeit in einem spirituellen Yoga Studio betreibt, gab an sich einer Szene zugehörig zu fühlen, in der gemeinsam meditiert oder wo über das Thema Achtsamkeit gesprochen wird. Auch wird bis auf verschiedene Bücher und eine App, die im Jahresabo monatlich um die 5€ kostet, von den Praktizierenden erwähnt, dass sie bislang sehr wenig bis gar nichts an Artikeln zum Thema Achtsamkeit gekauft haben. Liebl (2000: 122) ist der Ansicht, dass bestimmte Angebote und Veranstaltungen der Vergemeinschaftung von Szenen dienen und manchmal diese Angebote sogar erst dazu führen Vergemeinschaftungen hervorzurufen und damit „szene-bildend" wirken. Eine größer werdende achtsame Szene wäre für das gesellschaftliche Miteinander sicherlich nicht verkehrt, wo sich die Achtsamkeit, wie im Kapitel 6.4 dargelegt, doch so positiv auf das soziale Miteinander auswirkt.

Die Analyse der Verbreitung des Achtsamkeitstrends in Kapitel 6.5 hat gezeigt, dass auf den Trend noch Einfluss genommen werden kann und die Richtung, in die sich der Trend bestmöglich bewegt, wahrscheinlich sogar noch ein Stück weit durch Angebote mitgeschrieben werden könnte. Da Extreme dem Achtsamkeitstrend schaden, wären Produkte oder Veranstaltungen, die möglichst offen für alle Zielgruppen gestaltet sind für die Trendentwicklung am förderlichsten. An den Praktizierenden ist deutlich geworden, dass das Zeitschriftenangebot von *Happinez*, *emotion slow* usw. für Personen, welche die Achtsamkeit ernster betreiben möchten nicht attraktiv, da viel zu verspielt, statt cool erscheint. Apps wie *Headspace* oder *7mind* scheinen den Interviews nach zu urteilen deutlich beliebter zu sein, da sie praktisch anwendbar sind und grafisch schlicht bis cool gehalten werden.

Doch bei Meditations-Apps handelt es sich nicht um etwas „Szene-bildendes" – meines Erachtens zeigt sich hier deshalb Potenzial für ein schlichtes Achtsamkeits-Zentrum (wie bspw. das *MNDFL* in New York), das es so momentan noch nicht in Deutschland gibt. Denn wie auch Niklas Fehr feststellt, ist die Gemeinschaft etwas, was auch die praktische und flexible App nicht bieten kann:

„[I]n Einzelgesprächen und in Gruppengesprächen und so hast du einen krassen Erfahrungsaustausch. Der ist bei uns [mit der App] gleich Null! Lehre können wir noch erfüllen, Lehrer haben

wir auch – er kann natürlich auch nur in eine Richtung sprechen, auch schon nicht so toll – und außerdem: eine Gruppe hast du kaum."

Um sich abschließend als Leser selbst noch ein Bild machen zu können, für wie wahrscheinlich man es hält, dass der Achtsamkeits-Trend in die ein oder andere Richtung fällt oder wächst, sollen im Anschluss an dieses Kapitel noch ein paar Szenarien positiver und negativer Qualität aufgezeigt werden (s. Exkurs „Achtsamkeit in der Zukunft"). Ganz klar wird sich hierbei jedoch von der Auffassung distanziert, man könne die Zukunft prognostizieren. Die Beispiele sollen mehr dazu dienen den Trend weiterzudenken, weiterzuspielen. Bei der Erstellung dieser Szenarien flossen die Ideen, Wünsche und Sorgen der Experten und Praktizierenden um die Zukunft der Achtsamkeit mit ein.

Abb. 23: Beispiel für ein neutral gehaltenes Achtsamkeits-Studio in New York (vgl. www.mndflmeditation.com)

EXKURS

Achtsamkeit in der Zukunft

Achtsamkeitsmeditation wird zur Selbstverständlichkeit

„Ich sollte mal wieder regelmäßiger meditieren, hab's letzten Monat nicht jeden Tag geschafft." Warum wir früher nur unseren Körper trainiert, nicht aber unseren Geist in Form gebracht haben, weiß 2022 keiner mehr so recht. Wer nicht meditiert, gilt als ein bisschen ungesund und faul. So sagen es die Achtsamen den Nicht-Achtsamen zwar nicht, aber naja, man könnte doch mal was für sich und seine Gesundheit tun! MBSR-Kurse werden aus dem Grund auch komplett von der Krankenkasse übernommen. Außerhalb des klinischen Kontextes ist das Konzept längst nicht mehr nur etwas für die Avantgarde. Achtsamkeit ist wie Joggen. In öffentlichen Einrichtungen, wie Kindergärten und Schulen ist die Achtsamkeit fester Bestandteil der Pädagogik und in verschiedenen Studios wird sich regelmäßig zum Meditieren getroffen.
– Ideen und Wünsche von Niklas Fehr, Lothar Schwalm, Peter, Patrick, Lara, Friedrich, Mia, Kaspar

Achtsamkeit verändert das soziale Miteinander

Was hatten wir nur für einen kranken Umgang mit unseren Smartphones! Und: Wie haben wir eigentlich unsere Freizeit gestaltet? Es ist schon witzig, wie wir alle noch vor fünf Jahren Mails von unterwegs beantwortet und unsere Essen für Soziale Netzwerke fotografiert haben. Und dabei doch eigentlich nie bewusst im Moment waren. Die Liebe des Lebens wurde nicht gefunden, weil der Kopf, naja, auf das Smartphone gerichtet war. Die eigene Geburtstagsparty wurde zwar auf *Snapchat* gepostet, aber im Nachhinein fühlt es sich an, als wäre man nicht dabei gewesen. Heute ist zum guten Ton geworden, das Handy Zuhause zu lassen, wenn man abends zum Essen verabredet ist, man macht sich Gedanken, was man denn tun könnte, statt die

Glotze anzuschalten und Gespräche haben wieder Tiefgang, weil sich zugehört wird. Die Achtsamkeit hat das Miteinander peu à peu verändert und schließlich wie in einer stillen Revolution die Deutschen infiziert.
– Ideen und Wünsche von Lothar Schwalm, Frieda, Patrick, Lara,

Achtsamkeit wird falsch verstanden und instrumentalisiert

Es stellt sich heraus, wie hilfreich die Achtsamkeitsmethode ist und wie sehr sie sich für sämtliche Probleme des 21. Jahrhunderts eignet. Sie ist so praktisch: Kostet nichts, doch löst fast alles! Viele Unternehmen haben die Achtsamkeit längst in ihre Firmenphilosophie integriert. „We work mindful", wird nach außen kommuniziert. Drinnen reihen sich kleine begehbare Boxen mit Infotainmentsystemen zum Meditieren. Das Potenzial herausholen – darum geht es. Wer nicht gleich den Effekt spürt, bekommt vom Arbeitgeber zum Üben extra Meditationseinheiten geschenkt. Jeder soll den Effekt spüren! Stress? Gibt es in unserem Unternehmen nicht! Diejenigen, die im Jahr 2017 ihre Schritte und Kalorien zählten, vergleichen fünf Jahre später ihre Meditationsminuten. Diese Daten sammeln fleißig die Krankenkassen, Beitragskosten werden hieran ermittelt. Wer nicht meditiert, tut nichts für seine Gesundheit – so die Devise.
– Ideen und Sorgen von Peter, Ina, Friedrich und Oskar

Abb. 24: *Headspace* Headquarter in San Francisco

EXKURS

EXKURS

Achtsamkeit ist ein Modewort, wie „Nachhaltigkeit" oder „Wellness"

Im Jahr 2022 wird der Begriff Achtsamkeit zum „Unwort des Jahres" gewählt. Das Konzept erfährt eine derartige Popularität innerhalb unterschiedlichster Felder, wird ständig, überall und inflationär gebraucht. Aus „total in" wird ganz schnell „mega out". Auf der Suche nach neuen Methoden, kamen die Effizienten bereits auf ein leistungssteigernderes Produkt: eine kleine, unauffällige Pille. Funktioniert verdammt schnell und super easy! Auch die Medien verlieren das Interesse. Ab und an wird noch über die riesigen Konzerne geschrieben, die selbst vor einem 2.500 Jahre altem buddhistischen Konzept keinen Halt machten und fette Gewinne erzielten. Doch auch ihre Blütezeit ist vorbei. Die ersten Firmen melden Insolvenz an; andere versuchen auf Teufel komm raus die letzten Anhänger in MBSR-Kursen und Buddhistischen Zentren abzugreifen. Achtsamkeit. Ich kann es einfach nicht mehr hören.
– Ideen und Sorgen von Niklas Fehr, Ina, Peter und Kaspar

7 Kritische Auseinandersetzung

Den „Trend der Achtsamkeit“ zu untersuchen, wirkt sicherlich für den ein oder anderen grotesk. Es handelt sich hier um sehr altes buddhistisches Gedankengut, welches nicht den Anspruch hat „hip“ zu sein und erst recht nicht das Ziel verfolgt, den Menschen „hippe Achtsamkeitsangebote“ zu verkaufen – im Gegenteil. Auch MBSR-Kurse wurden geschaffen, um Menschen im Umgang mit Schmerzen, Ängsten oder Depressionen zu helfen, aber nicht, um ihnen zusätzlich „Bastelzeitungen“ zu verkaufen. Dieser Kritik ist jedoch zu entgegnen, dass der Achtsamkeit – wie anhand unterschiedlicher Beispiele aufgezeigt wurde – bereits jener „Trendcharakter“ anhaftet. Das Interesse und die Nachfrage nach Angeboten ist bereits in der Gesellschaft zu finden, was bedeutet, dass auch das Angebot an Produkten und Veranstaltungen rund um die Achtsamkeit – ähnlich wie auch bei der Yogabewegung – voraussichtlich weiter zunehmen wird. Es macht daher durchaus Sinn zu fragen, warum das Konzept anscheinend momentan den Zeitgeist trifft und darzulegen, inwieweit das Thema in der Öffentlichkeit thematisiert wird. Wirkt der wirtschaftliche Trendcharakter hinter der Achtsamkeit vor dem buddhistischen Hintergrund zwar erst einmal seltsam, so liefert diese Arbeit im wissenschaftlichen Kontext tatsächlich Erkenntniszuwachs. Denn auch bei dem enormen Anstieg wissenschaftlicher Publikation zur Achtsamkeit seit dem Jahr 2000 (s. Kapitel 3) ist bislang nicht untersucht worden, wie und warum sich das Phänomen eigentlich in der Gesellschaft etabliert hat und thematisiert wird.

Die Arbeit liefert bis hierhin jedoch nur eine einseitige Sicht auf das Thema, da lediglich Befürworter und Anhänger der Achtsamkeit zu Wort gekommen sind. Vor diesem Hintergrund soll dieses Kapitel sich auch noch einmal kritisch mit der Achtsamkeit und seinem Trendcharakter auseinandersetzen.

Diese kritische Auseinandersetzung orientiert sich an der Kritik aus den Medien und der Soziologie. Jedoch muss festgestellt werden, dass bislang relativ wenig ernstzunehmende Kritik an der Achtsamkeit zu finden ist. Das mag sicherlich an dem Neuheitswert des Themas liegen, aber vielleicht auch daran, dass diejenigen, die Achtsamkeit ernster praktizieren vielleicht selbst zu Anhängern, statt Kritikern der Achtsamkeit werden.

L. Heschel, *Deep Breath: Die neue Achtsamkeit einer beschleunigten Gesellschaft*, BestMasters, https://doi.org/10.1007/978-3-658-20980-3_7

Die Kritik in den Medien lautet beispielsweise:

„Achtsamkeit schon das Wort lässt Übelkeit in mir aufsteigen, denn es ist weich wie Hundescheiße" (Spiegel Online, 2013)

„Die Welt ist mir zu viel – Und ich selbst bin mir genug. Warum viele Menschen sich heute vor allem für Stressabbau und Handarbeit interessieren – statt für die drängenden Fragen der Gegenwart." (ZEIT Magazin, 2015)

„Mindfulness? Eure Achtsamkeit muss man sich erst einmal leisten können – Mal ganz bewusst eine Avocado befühlen oder ein Mandala malen: Moderne Entspannungstrends richten sich primär an priviligierte Menschen und sorgen für noch mehr Stress." (Broadly (vice), 2017)

Achtsamkeit wird also als eine weitere nervige Entspannungstechnik für Eliten dargestellt, die unpolitisch ist, da sich die Menschen in ihre „kuschelige" Welt zurückziehen. Von Seiten der Soziologie hat sich bislang in Deutschland nur Hartmut Rosa im *Spiegel Online* Anfang letzten Jahres zur Achtsamkeit geäußert und erst einmal postuliert, man solle sich als Wissenschaftler besser von der Thematik fernhalten, da diese esoterisch sei (vgl. Spiegel Online 2016). Als er schließlich aber doch einer Einladung des Netzwerks Ethik in Kooperation mit der Universität Hamburg folgt und Ende 2016 einen Vortrag hält, betitelt auch er die Achtsamkeit als subjektfixiert, unpolitisch, unethisch, elitär und kommerziell (vgl. Rosa 2016 b). Diese fünf Punkte werden in diesem Kapitel neben eigenen Ansichten beleuchtet und kommentiert.

1. Achtsamkeit wird falsch verstanden:

Meines Erachtens ist das größte Problem an der Achtsamkeit, dass sie innerhalb kurzer Zeit an enormer Popularität gewonnen hat, was dazu führt, dass sich schnell Meinungen über das Konzept bilden, ohne dass tatsächlich begriffen wird, worum es bei der dahinterstehenden Philosophie eigentlich geht. Dass die Medien stänkern, ist schon fast nachvollziehbar: ein „gehypter" Begriff, hinter dem sich nur eine esoterische Entspannungsmethode verbirgt, bietet große Angriffsfläche. Doch, wenn sich selbst renommierte Soziologen zu dem Thema äußern, dann sollte davon auszugehen sein, dass sich diese wenigstens ansatzweise mit der Lehre auseinandergesetzt haben. Hartmut Rosa denkt beispielsweise, dass die „Hauptidee" an der Achtsamkeit jene ist, einfach alles „langsamer zu machen":

„Ich habe ein Problem mit Entschleunigung, der Hauptidee der Achtsamkeitsbewegung. Weil sie die Zeit isoliert betrachtet. Aber Zeit ist ein Grundverhältnis, das alle gesellschaftlichen Felder prägt - von Wirtschaft über Politik. Man kann nicht alles lassen, wie es ist und einfach langsamer machen. Langsamer machen reicht nicht.“ (Spiegel Online 2016)[18]

Das Problem der Achtsamkeit ist also, dass sie oberflächig betrachtet wird und Schwierigkeiten hat, ernst genommen zu werden. Ein falsches Verständnis ist aber nicht nur in dem Sinne gefährlich, dass sie unter starker Kritik zu leiden hat. Vielmehr kann ihre schnelle unreflektierte Verbreitung dazu führen, dass Menschen möglicherweise denken, sie könnten von gewissen Therapien absehen, da sie gehört haben, es ließen sich die unterschiedlichsten Probleme mit der Achtsamkeit lösen. Damit das Konzept medial ernster genommen und in der Bevölkerung richtig verankert wird, bedarf es Aufklärungsarbeit von echten Fachleuten, statt von weiteren (Frauen-) Magazinen.

2. Die Verantwortung darf nicht dem Subjekt zugeschrieben werden:

Wie aufgezeigt wurde, ist bei einigen der Praktizierenden die Lebensqualität durch die Achtsamkeit stark gestiegen. Dennoch dient die Achtsamkeit nicht als „Wunderwaffe“ (FAZ 2015), welche einen befähigt problemlos mit allen Sorgen und allem voran dem – viel zitierten – Stress umgehen zu können. Denn diese Art der Sichtweise würde zu einer Individualisierung und Schuldzuweisung bei subjektivem Stressempfinden führen. Nicht die Umstände, die zum Stress führen sind entscheidend, sondern das Individuum ist dafür verantwortlich, wie es mit der Situation umgeht. Es ist ein ernstzunehmendes gesellschaftliches Problem, wenn jeder zweite Deutsche angibt unter starkem Stress zu leiden (vgl. Techniker Krankenkasse 2016). Ich schließe ich mich daher Rosa's Kritik an, dass die Aussage: „Mach doch einfach ein

---

[18] Wie sehr wahrscheinlich schon an anderer Stelle deutlich wurde, geht es bei der Achtsamkeit nicht um Entschleunigung. Die meisten Menschen wissen schnelle Technologien zu schätzen und möchten nicht, dass per se alles langsamer funktioniert. An den Praktizierenden der Achtsamkeit hat man gesehen, dass es sich nicht um Menschen handelt, die nichts erreichen wollen und nur noch auf der Couch liegen möchten. Im Gegenteil: sie suchen vielmehr danach innere Ruhe zu kultivieren, denn sie fühlen sich eigentlich ständig getrieben, weil sie zum Teil das starke Bedürfnis haben zu jeder Zeit produktiv sein zu müssen. Achtsamkeit schult Menschen u.a. in diesen Momenten, in denen es mal nicht so schnell geht, darin ruhig zu bleiben und zu reflektieren, dass man sich gerade gehetzt fühlt. Es handelt sich also eher um eine Methode zur Reflexion, als um eine Methode, alles einfach in der Hälfte der Geschwindigkeit zu machen.

bisschen Achtsamkeit", zu einfach erscheint und am eigentlichen Problem vorbei geht (vgl. Rosa 2016 b).

Dennoch ziehe ich daraus nicht wie Rosa den Schluss, dass das Konzept Achtsamkeit als solches versagt, sondern sehe hier vielmehr – wie auch Lothar Schwalm – das Problem, dass anscheinend eher die Missverständnisse um den Begriff ein Problem darstellen. Lothar Schwalm gibt in dem geführten Interview an, er habe schon immer ein Problem mit dem Namen „MBSR" (Mindfulness-Based Stress Reduction; dt.: Achtsamkeitsbasierte Stressreduktion) gehabt, denn dies sei zu zielorientiert.[19] Tatsächlich muss man in der Achtsamkeitspraxis in der Gegenwart sein und darf nicht das zukünftige Ziel verfolgen, Stress zu reduzieren oder weniger negative Gedanken zu haben. Achtsamkeit schafft höchstens als Nebeneffekt einen besseren Umgang mit Stress, aber man sollte das Konzept nicht auf diese Weise vermarkten und verkaufen.

Überträgt man dieses Missverständnis also in den Arbeitskontext, könnte tatsächlich die Devise „Stress ist, was du draus machst" entstehen, was dazu führen könnte, dass sich der Arbeitnehmer möglicherweise sogar zusätzlich stresst, weil er vielleicht als einziger – trotz Achtsamkeitsmeditation – nach wie vor Stress empfindet. Das Konzept der Achtsamkeit sollte meines Erachtens vor diesem Gesichtspunkt also nicht grundsätzlich angegriffen werden, denn es ist nie als Allheilmittel gegen Stress angetreten. Es bedarf stattdessen auch hier der Aufklärungsarbeit, damit in der Zukunft nicht einfach MBSR-Kurse bei Stressempfinden verschrieben werden, ohne die Ursachen auch z.B. in den Organisationsstrukturen selbst zu beleuchten.

3. Achtsamkeit ist (nicht per se) unpolitisch:

Hiermit eng verbunden, ist auch jener Kritikpunkt, die Praktizierenden der Achtsamkeit ziehen sich in das Private zurück und seien unpolitisch. Auch hier kann ich mich nur teilweise anschließen. Wenn ein allgemeines Stressempfinden der Grund für die hohe Nachfrage nach Achtsamkeit ist, sollte die Bewegung hinter dem Konzept tatsächlich etwas lauter werden. Es reicht hierbei nicht in den zwei Stunden nach Feierabend (mehr oder weniger heimlich) einen Achtsamkeitskurs zu belegen; stattdessen

[19] Aus dem Grund nennt er seinen Kurs stattdessen einfach „Achtsamkeitstraining"

sollte die Stressproblematik auch von den Betroffenen gesellschaftlich thematisiert werden. Denn die Stressursachen wie z.B. belastende Arbeitssituationen durch Überforderung, Vereinbarkeit von Familie und Beruf oder prekäre Beschäftigungssituationen sind gesamtgesellschaftlich relevant und bedürfen der Bearbeitung.

Die Interviews verdeutlichen jedoch, dass die Praktizierenden der Achtsamkeit keine unverantwortlichen und unengagierten Menschen sind – im Gegenteil, die Interviewten machen sich zum Teil sehr intensiv Gedanken, wie sie für sich persönlich auf befriedigende, aber auch auf eine gesellschaftlich verträgliche Art und Weise ihr Leben gestalten können. So wurde ihre kritische Einstellung gegenüber Konsum, Fleischverzehr, Umweltverschmutzung und ihre Reflexion gegenüber der Leistungsgesellschaft deutlich. Das sind alles durchaus politische Themen. Gerade jene, die sich ab und zu Zeit nehmen, um über das Leben nachzudenken, kommen wahrscheinlich eher zu dem Punkt bestimmte Selbstverständlichkeiten kritisch zu hinterfragen, als diejenigen, die immer nur hinterher hetzen und auch ihre Freizeit mit lauter Ereignissen beladen. Vielleicht sind die Deutschen generell nicht mehr so politisch interessiert, doch den „Achtsamen" vorzuwerfen besonders unpolitisch zu sein, trifft es eindeutig nicht.

Wie in den Kapiteln 6.5 und 6.6 herausgestellt wurde, ist die Achtsamkeitsbewegung noch relativ jung – so fehlt ihr es auch bislang an einer Szene oder Gemeinschaft. Wenn man sich nun aber vorstellt, dass der Trend weiter zunimmt und Achtsamkeit zunehmende Popularität erfährt und gesellschaftlich akzeptierter wird, ist durchaus denkbar, dass das Thema „Stress" zum Agendapunkt wird. Und wenn es breitere Aufmerksamkeit bekommt, kann ich mir durchaus vorstellen, dass ein hochentwickeltes Land, wie Deutschland, das z.B. vor dem Problem einer alternden Gesellschaft mit zunehmendem Arbeitskräftemangel steht, mehr dafür Sorge trägt in der Zukunft glücklichere Arbeitnehmer zu haben.

4. **Achtsamkeit muss aufpassen, dass sie nicht in unethischen Kontexten eingesetzt wird:**

Auf den Kritikpunkt Rosas, Achtsamkeit werde als Steigerungsmethode eingesetzt und verliert dadurch seine Ethik, ist bereits in Kapitel 6.2 eingegangen worden. Natürlich besteht die Gefahr, dass Achtsamkeit im falschen Kontext angewandt wird. Das ist allerdings ein Risiko jeder Methode, da man schließlich niemandem verbieten kann bestimmte Praktiken, wie z.B. die Meditation, anzuwenden. Diesen Kritikpunkt jedoch so häufig zu wiederholen und als so zentral anzusehen, wie es Rosa tut (vgl. Rosa 2016 b; Stratmann 2016), halte ich für übertrieben. Die meisten Menschen fangen aus sehr persönlichen Gründen und teils aufgrund von gravierenden Lebenseinschnitten an zu meditieren und nicht aus dem Bedürfnis heraus ihre Performance zu steigern.

Da das Konzept auf Grund seines buddhistischen Hintergrunds aber tatsächlich starken Wert auf die ethischen Grundprinzipien legt, gebe ich Rosa aber insofern recht, dass bei der Verbreitung des Konzepts besonders stark drauf geachtet werden sollte, es genau nicht als „Allheilmittel" zu verkaufen. Es muss daher von den Praktizierenden, Lehrenden und Forschenden dafür gesorgt werden, dass die ethischen Werte der buddhistischen Philosophie weitergegeben werden, statt das Konzept generisch als Stressbewältigungs- und Selbstoptimierungstechnik zu beschreiben, wie es z.B. teilweise *7mind* tut.

5. **Achtsamkeit ist etwas für Privilegierte (doch ihnen ist es bewusst):**

Den Kritikpunkt der Medien und auch Rosas, bei der Achtsamkeit handle es sich um eine Praktik für Eliten, kann ich auch nur teilweise nachvollziehen. Es ist ein Luxus sich mit sich selbst und seinem Leben auseinandersetzen zu können, statt – um über die Runden zu kommen – drei Jobs ausführen oder in anderen Ländern gar vor einem Krieg fliehen zu müssen. Ja, es mag vielleicht privilegiert sein, wenn man sich morgens ca. 15 Minuten Zeit nehmen kann, um zu meditieren, doch gleichzeitig sind es halt auch nur 15 Minuten. Es ist nicht so, dass man für die Achtsamkeit seinen Job kündigen, teure Meditationskissen kaufen oder nach Nepal fahren muss. Innerhalb der Interviews mit den zehn Praktizierenden wurde häufig erwähnt, dass man das

Glück habe, sich so intensiv mit sich auseinandersetzen zu können und dankbar für die eigenen Lebensumstände sei. Statt also dieser Gruppe vorzuwerfen, sie sei so elitär und hätte so einen großen Luxus, könnte man eher jene kritisieren, die genau so viel Freizeit haben, also genauso „elitär" sind, aber den ganzen Tag auf ihren Smartphones herum tippen oder Muskeln im Fitnessstudio aufbauen. Es ist also vielmehr eine Frage, wie ich meine Zeit gestalten möchte. Praktizierende der Achtsamkeit sind, wie man gesehen hat, in der Lage Einfluss auf die zur Verfügung stehende Zeit zu nehmen, was Nicht-Praktizierenden vielleicht in ihrem Alltagsleben schwerer fällt.

Ich gebe der Kritik aber insofern recht, dass momentan tatsächlich eher eine bestimmte Bildungsschicht mit der Achtsamkeit in Kontakt kommt. Durch den Trend greifen Zeitschriften etc. das Thema auf, was jedoch auch nur dazu beiträgt, dass wieder nur gewisse Kreise von dem Konzept profitieren. Das heißt allerdings nicht, dass es so bleiben muss. Es ist vielleicht einfach nur eine Frage der Zeit, bis auch in Deutschland – wie in den USA und UK – in Kindergärten und Schulen Achtsamkeit praktiziert wird und somit das Thema innerhalb unterschiedlichster Gesellschaftskreise Einzug erhält.

6. Achtsamkeit ist (nicht) kommerziell:

Ein ähnlicher Punkt ist jener, dass die Achtsamkeit stark kommerzialisiert sei. Nach Rosa verspreche die Achtsamkeit, man könne seine „innere Seele" finden, wenn man sich „diese Räucherstäbchen [kaufe]", (vgl. Stratmann 2016).

Um das Thema Achtsamkeit auf einer ernstzunehmenden, wissenschaftlichen Weise zu behandeln, habe ich mich am Anfang dieser Arbeit bewusst von dem Begriff Esoterik distanziert, da auch ich häufig den Eindruck habe, es werde Geld mit „Geheimlehren" gemacht. Doch vor dem Hintergrund zunehmender wissenschaftlicher Erkenntnisse, kann man sich als Soziologe gegenüber anderen Disziplinen, wie den Neurowissenschaften oder der Psychologie, nicht ernsthaft hinstellen und sagen es handle sich hier weiterhin um eine esoterische Praxis, die nur dazu diene das Portemonnaie der Praktizierenden zu leeren.

Ja, Achtsamkeit ist zum Trend geworden. Dazu gehört, dass sich um das Thema Produkte, wie Malbücher, Meditationskissen usw. herausbilden. Tatsächlich – und das ist ja auch das Tolle an der Mediation im Gegensatz zu z.B. Sportarten, wie Joggen, wo zumindest Laufschuhe gebraucht werden – benötigt man aber ja gerade zum Meditieren nichts (bis auf den eigenen Kopf und Körper). Es ist also kein hohes Einkommen erforderlich, um der Achtsamkeit nachgehen zu können. Vielmehr kann jeder selbst entscheiden, wie sehr er sich dem Konsum rund um die Achtsamkeit hingibt.

Es wäre schade, wenn eine alte buddhistische Lehre, die meist auf Spenden basiert, nun zu einer westlichen, kommerziellen Praktik verkommt, in welcher die Menschen denken, sie könnten sich innere Ruhe und Frieden kaufen. In Deutschland gibt es zwar Zeitschriften, Apps oder Meditationskissen, doch das Angebot scheint momentan noch nicht besonders groß zu sein. Das Problem der Kommerzialisierung der Achtsamkeit zeichnet sich jedoch momentan in den USA stark ab. Hier ist der Begriff „McMindfulness" von Ron Purser und David Loy (2013) aufgekommen und zu einem feststehenden Begriff geworden. Er drückt aus, dass Achtsamkeit zum bloßen „Junk-Food" verkommt, das schnell und leicht zu konsumieren sei. Daher sollte man, wie ich im Kapitel 6.6 vorgeschlagen habe – um die Szene aufzubauen – stets darauf achten, die Achtsamkeit günstig anzubieten, um den buddhistischen Ansatz nicht gänzlich zu vernachlässigen.

Es handelt sich bei all den Punkten um einseitige und teilweise stark überzogene Kritik, die vielleicht zukünftige Szenarien beschreibt, aber gegenwärtig noch nicht zutreffend ist. Weder ist es soweit, dass Chefs der Meinung sind ihre Mitarbeiter dürfen durch Achtsamkeitskurse keinen Stress mehr empfinden, noch sind die Praktizierenden privilegiert oder so naiv, dass sie meinen sich die positiven Effekte der Achtsamkeit durch teure Räucherstäbchen erkaufen zu können. An dieser Kritik wird wieder nur deutlich, dass sich die Achtsamkeit nicht in die vier Extreme, die in Kapitel 6.6 herauskristallisiert wurden (Lifestyle, Spiritualität, Leistung und Entspannung), entwickeln darf. Um dem entgegen zu wirken, bedarf es stattdessen Aufklärungsarbeit, sodass auch Soziologen, wie Hartmut Rosa nicht weiter mit Halbwissen die Achtsamkeit verreißen.

Wenn Rosa verstehen würde, was genau Achtsamkeit bedeutet, würde ihm möglicherweise sogar bewusst werden, dass sich sein „Resonanz Konzept" (Rosa 2016 a) gar nicht so sehr von dem Konzept der Achtsamkeit unterscheidet. Das was für Rosa Resonanz bedeutet, wird in der Achtsamkeitspraxis als Erfahrungsbezug bezeichnet (vgl. Schmidt 2016). Es macht einen Unterschied, ob ich die Welt meine zu kennen, oder ob ich in einen erfahrungsbezogenen, direkten Kontakt mit ihr gehe (ebd.). Anders als bei der Theorie von Rosa zur Resonanz bietet die Achtsamkeit aber neben der sinnlich und leiblichen Erfahrung, auch noch eine weitere Ebene, nämlich die eigenen Emotionen und Gedanken. Meines Erachtens kann sich durch das Üben in Achtsamkeit sogar das Resonanzerleben erhöhen. Resonanz und Achtsamkeit haben einiges gemein. Bei dem Konzept der Resonanz geht es um Gegenwartsbezug, Sinnstiftung, Erfahrungs- und Körperbezug. All diese Punkte finden auch bei der Achtsamkeit Beachtung (ebd.). Die Achtsamkeit gibt jedoch praktische Anwendungsmöglichkeiten, wie man es schafft gegenwärtiger und bewusster zu leben, bei der Resonanz von Rosa bleibt dies außen vor. Hätte sich Rosa einmal mit Psychologen und Neurowissenschaftlern ausgetauscht, wäre er vielleicht also sogar auf Achtsamkeit, statt auf Resonanz als Antwort auf die Beschleunigung gestoßen.

Um diese Art der Kritik in Zukunft zu vermeiden, kristallisiert sich heraus, dass das hinter der Achtsamkeit stehende Konzept einfach besser erklärt werden muss und sich dadurch der Trend nicht in die Extreme entwickeln darf. Es bleibt interessant, wie die Medien, Rosa und andere Soziologen sich zukünftig über die Achtsamkeit äußern werden.

8 Fazit

Anhand der Yogabewegung lässt sich erkennen, dass eine fernöstliche Praxis zu einer beliebten, teils hippen Freizeitbeschäftigung der Deutschen werden kann. Dies veranlasste mich dazu, zu untersuchen, ob das neue Konzept Achtsamkeit ähnliche Erfolgschancen hat. Da das Thema zumindest in Artikeln und Sonderausgaben und sogar in eigenen Magazinen aufgegriffen wurde, vermutete ich, dass die neue Achtsamkeit bereits einen gewissen Trendcharakter besitzt. Aus diesem Grund habe ich die Achtsamkeit als ein Trend-Phänomen untersucht, um zu verstehen, warum ein ca. 2.500 Jahre altes buddhistisches Gedankengut heute in den Fokus der Deutschen gerät und analysiert, wie diese alte Praxis hier verstanden und thematisiert wird.

Zunächst wurde dafür der buddhistische Ursprung der Achtsamkeit mit ihrem heutigen westlichen Verständnis verglichen (Kapitel 6.1). Es wurde deutlich gemacht, dass nach buddhistischer Tradition die Achtsamkeit in viele ethische und moralische Verhaltensanweisungen eingebettet ist, welche in dem westlichen Verständnis nicht mehr so explizit genannt werden. Die Sorge der „Verwässerung" der Praxis, wie sie unterschiedliche Fachleute und auch der Experte Lothar Schwalm äußern, ist nachvollziehbar. Die hier interviewten Praktizierenden haben jedoch im Wesentlichen ein einheitliches Verständnis von dem gehabt, was Achtsamkeit ausmacht. Anhand der Medienberichte ist jedoch deutlich geworden, dass dringend Aufklärungsarbeit geleistet werden muss, damit das Konzept nicht unter falschen Erwartungen praktiziert oder durch Halbwissen medial verrissen wird.

Im zweiten Kapitel der Analyse konnte aufgezeigt werden, dass der Erfolg der Achtsamkeit in der als stark empfundenen Beschleunigung begründet ist (Kapitel 6.2). Die Geschichten der Praktizierenden machten deutlich, dass sie sich nach Ruhe sehnen und daher mit der Achtsamkeitspraxis angefangen haben. Paradox wirkt allerdings hierbei, dass neben dem Motiv „Ruhe" teilweise auch „Leistung" durch die Meditation erzielt werden soll. Durch die Meditation schaffe man es fokussierter und stressresistenter zu sein. Diesen Zweck greifen Business Zeitschriften und Apps bereits in Deutschland auf, und werben mit einer erhöhten Produktivität durch Meditation. Damit die Praxis zukünftig allerdings nicht als ein reines Instrument zur Leistungssteigerung verkommt, muss von den Praktizierenden, Lehrenden und Forschenden

L. Heschel, *Deep Breath: Die neue Achtsamkeit einer beschleunigten Gesellschaft*, BestMasters, https://doi.org/10.1007/978-3-658-20980-3_8

dafür gesorgt werden, dass die ethischen Werte als Kern des Buddhismus weitervermittelt werden.

Ein Trend muss etwas Neues aufweisen, damit er überhaupt als Trend verstanden werden kann (vgl. Liebl 2000: 63). Mithilfe der Experten und Praktizierenden wurde in Kapitel 6.3 herausgearbeitet, dass die Mischung aus den vier Punkten – wissenschaftlich, säkular, erfahrbar und buddhistisch – die Achtsamkeit faszinierend und neu erscheinen lässt. Aufgrund dieser Melange kann sie – im Gegensatz zu ihrem buddhistischen Ursprung, aber auch im Vergleich zur Meditation in den 60er und 70er Jahren – heute in zahlreichen Kontexten angewandt werden. Durch die begriffliche Neuerscheinung von „Meditation" zu „Achtsamkeit" und den wissenschaftlichen Erkenntnissen hat sich die Praxis von ihrem teils als negativ empfundenen esoterischen Bild befreien können und ist heute selbst für rationalere Personen attraktiv.

Im Anschluss konnte anhand der zehn Praktizierenden aufgezeigt werden, dass sich die Methode dadurch, dass sie nicht nur im Stillen praktiziert, sondern vor allem im Alltag angewandt wird, sehr positiv auf die Praktizierenden selbst aber eben auch auf deren Umfeld auswirkt (Kapitel 6.4). Die Gesprächspartner beschrieben zum großen Teil, dass sich die Achtsamkeit auf all ihre Lebensbereiche auswirke. Sie selbst seien reflektierter und empathischer im Umgang mit ihren Mitmenschen, sie wissen Dinge mehr wertzuschätzen, sie seien nicht mehr so getrieben und könnten bewusster Einfluss auf ihre zur Verfügung stehende Zeit nehmen. Vor diesem Hintergrund wirkt es, als könnte sich die Philosophie allein darüber verbreiten, dass die Praktizierenden ihren Freunden, Kollegen, Partnern etc. davon erzählen oder eben selbst achtsam handeln und somit auch andere auf ein achtsameres Miteinander aufmerksam machen.

Darauf aufbauend wurde im Kapitel 6.5 deutlich, dass Achtsamkeit zu praktizieren heute als etwas „normales" empfunden wird. Vor ca. drei Jahren wurde die Praktik noch heimlich ausgeübt, da sie mit einer Schwäche und einem negativ konnotierten esoterischen Bild verbunden wurde. Im letzten Jahr ist die Popularität zusätzlich weiter gestiegen, inzwischen interessieren sich selbst große Konzerne, wie die Deutsche

Bahn für den Trend. Aus dem Grund wurde der Trend in die vierte der fünf „Lebenszyklusphasen" nach Ryan Mathews und Watts Wacker (2003) eingestuft.

Das Aufzeigen der Verflechtungen von Themen und Motiven um die Achtsamkeit innerhalb einer Trendlandschaft zeigte abschließend im Kapitel 6.6 auf, dass der Trend große Erfolgschancen hat, da er innerhalb unterschiedlicher Kontexte und somit für die verschiedensten Personen interessant zu sein scheint. Jedoch kristallisierte sich in diesem Kapitel auch heraus, dass der Trend von genau dieser bunten Mischung lebt. Die Entwicklung in eines der Extreme (Lifestyle, Leistung, Entspannung, Spiritualität) würde dem Trend hingegen sehr wahrscheinlich schaden. Möchte man den Trend positiv beeinflussen, so liegt viel Potenzial in „szene-bildenden" Treffpunkten, da bislang die Achtsamkeitsmeditation eine sehr individualisierte Praxis ist, über die man sich anders als im buddhistischen Kontext kaum austauschen kann.

Der Trend um die Achtsamkeit wurde durch Fachliteratur, Beiträge aus den Medien, Meinungen von Experten- und Praktizierenden bis zu eigenen Beobachtungen umfangreich beleuchtet. Innerhalb von drei Jahren hat sich die Achtsamkeit aus einer kleinen Nische zu einem selbst für große Konzerne interessanten Trend entwickelt. Da man gesehen hat, wie überzeugt selbst die Gesprächspartner sind, die der Achtsamkeit erst seit geraumer Zeit nachgehen, vermute ich, dass sich die Praktik weiterverbreiten wird, unabhängig davon, ob bald die ersten größeren Meditationsangebote auf den Markt kommen. Ich schließe mich der Expertenmeinung von Lothar Schwalm an und sehe per se nichts Negatives darin, dass Achtsamkeit zu einem Trend geworden ist. Vielmehr kann er als „Eintrittskarte" dienen, die dazu führt, dass sich auch Menschen, die normalerweise nicht auf das Thema Achtsamkeit gekommen wären, intensiver mit der Methode auseinandersetzen.

Die aufgezeigten zukünftigen Entwicklungsmöglichkeiten und die kritische Auseinandersetzung machen jedoch deutlich, was passieren kann, wenn nicht genug Aufklärungsarbeit von Fachleuten zur Achtsamkeit geleistet wird. Durch die plötzliche Popularität im Westen steht die Achtsamkeit nun vor einer neuen Herausforderung. Sie muss sich gegenüber scharfer Kritik und missverstandenen Anwendungen durchsetzen. Sucht man also tatsächlich eine Antwort auf die eingangs thematisierte

Beschleunigungsproblematik, so darf die Achtsamkeit nicht als ein Werkzeug – wie etwa das Zeitmanagement – verstanden werden. Die eventuell als Nebeneffekt erzielte Effizienzsteigerung führt gemäß Rosas Akzelerationszirkel ja nur zum schnellen generellen Standard – auf diese Weise wäre nichts gewonnen, doch viel verloren.

Abschließend lässt sich feststellen, dass es durchaus erste Anzeichen für einen gesellschaftlichen Trend zur Achtsamkeit gibt. Dies ist positiv zu bewerten, denn Achtsamkeit ist sicherlich keine „Wunderwaffe", doch scheint sie das Leben des Einzelnen zu bereichern und damit auch die Gesellschaft zu befruchten.

9 Ausblick

Das hier verwendete Forschungsdesign, das durch eine zweistufige qualitative Untersuchung gekennzeichnet war, hat sich als sehr sinnvoll und praktisch erwiesen. Durch die Literaturrecherche, die Beobachtungen und die Gespräche mit den Experten konnte sich dem neuen Forschungsfeld zunächst offen genähert werden, um daraufhin Hypothesen aufzustellen. Die weiteren folgenden Gespräche mit den zehn Praktizierenden dienten dazu, diese Hypothesen zu überprüfen. Da die Gespräche zwar durch einen Leitfaden strukturiert, aber stets offen ausgelegt waren, konnten auch neue unerwartete Erkenntnisse z.B. über die Auswirkungen der Achtsamkeit gewonnen werden, welche bei einer rein quantitativen Studie ausgeblieben wären.

Für eine Validierung der qualitativen Beobachtungen reichen die zehn Interviewgespräche jedoch nicht aus – anschließend an die hier gewonnenen Erkenntnisse wäre daher eine quantitative Untersuchung sicherlich sinnvoll und zur Erreichung einer statistischen Signifikanz auch notwendig. Praktizieren Frauen die Achtsamkeitsmeditation tatsächlich eher aus dem Grund, um „zu sich zu kommen"? Und wird sie von Männern wirklich häufiger angewandt um zusätzlich „fokussierter, produktiver, konzentrierter" zu sein? Sind die wissenschaftlichen Erkenntnisse generell nicht so bedeutsam für die Praktizierenden? Und: wirkt sich die Achtsamkeit erwiesenermaßen bei jenen Personen, die regelmäßig meditieren, stärker auf andere Lebensbereiche aus, als bei jenen, die nur unregelmäßig meditieren?

Aufgrund des kurzen Zeitrahmens konnte auch leider nur eine Momentaufnahme des Trends wiedergegeben werden. Eine längerfristige Beobachtung der Thematik „Achtsamkeit in der Öffentlichkeit" wäre sicherlich spannend, da man dann durch unterschiedliche Ereignisse den Weg der Normalisierung (oder auch der Stagnation) stärker verfolgen und nachzeichnen könnte. Was würde beispielsweise passieren, wenn sich mehr öffentliche Personen zur Achtsamkeitsmeditation bekennen? Innerhalb welcher Kontexte wird der Trend befruchtet, welche schaden ihm? Und: wie entwickelt sich das Volksthema „Stress" im Zusammenhang mit der Achtsamkeitsbewegung?

L. Heschel, *Deep Breath: Die neue Achtsamkeit einer beschleunigten Gesellschaft*, BestMasters, https://doi.org/10.1007/978-3-658-20980-3_9

Achtsamkeit findet erst seit dem Jahr 2000 überhaupt Beachtung in der Forschung. Die einst verpönte esoterische Praxis hat seit den neu gewonnenen Erkenntnissen der Neurowissenschaften einen Richtungswechsel erfahren, welche in fast allen Disziplinen großes Potenzial für zukünftige Forschung verspricht. Im Bereich der Ökonomie scheint beispielsweise eine langfristige Studie über das Konsumverhalten der Praktizierenden relevant. Zeichnen sich beispielsweise nach einem Jahr der Achtsamkeitspraxis Veränderungen hin zu einem nachhaltigeren Konsum ab? Im Bereich der Psychologie, Soziologie oder der Sozialen Arbeit wäre hier auch eine vertiefende Studie zu den Auswirkungen der Achtsamkeit auf das soziale Miteinander denkbar. Hier sollte auch der Gegenüber in den Fokus der Forschung rücken: Wie werden „achtsame Menschen" wahrgenommen? Wirken sie tatsächlich sympathischer, weil sie so tolerant, ruhig, reflektiert und empathisch sind oder wird dies vielleicht gar nicht wahrgenommen bzw. sogar vom Gegenüber als anstrengend oder überheblich empfunden?

Die Entwicklung des Achtsamkeitstrends bleibt spannend. Wie anhand der Kritik von Hartmut Rosa aufgezeigt wurde, haben auch Disziplinen außerhalb der Neurowissenschaften großen Einfluss darauf, wie die Zukunft der Achtsamkeit gestaltet wird. Aufgrund der vielen Missverständnisse um die Thematik erscheint es daher besonders von Seiten der Wissenschaft entscheidend, hier Aufklärungsarbeit zu leisten, statt mit Halbwissen zu provozieren. Es wäre schade, wenn ein so altes buddhistisches Gedankengut aufgrund des mangelnden westlichen Verständnisses bloß als eine kurzweilige Mode aufkommt, um dann gleich wieder in Vergessenheit zu geraten.

Literaturverzeichnis

Monographien:

Allmen, F. von (2007): Buddhismus. Lehren-Praxis-Meditation, Bielefeld: Theseus.

Baier, K. (2012): Handbuch Spiritualität. Zugänge, Traditionen, interreligiöse Prozesse, Darmstadt: Wissenschaftliche Buchgesellschaft (WBG).

Baudrillard, J. (1992): Die Transparenz des Bösen. Ein Essay über extreme Phänomene, Berlin: Merve-Verlag.

Bauman, Z. (2008): Flüchtige Zeiten. Leben in der Ungewissheit, Hamburg: Hamburger Edition.

Blumenberg, H. (1987): Lebenszeit und Weltzeit, Frankfurt a.M.: Suhrkamp.

Bodhi, B. (1984): The noble eightfold path, Kandy, Sri Lanka: Buddhist Publication Society.

Ehrenberg, A. (2006): Das erschöpfte Selbst. Depression und Gesellschaft in der Gegenwart, Frankfurt a.M.: Suhrkamp.

Ehrenberg, A. (2011): Das Unbehagen in der Gesellschaft, Frankfurt a.M.: Suhrkamp.

Elias, N. (1988): Über die Zeit. Arbeiten zur Wissenssoziologie II, Frankfurt a.M.: Suhrkamp.

Flick, U. (2010): Qualitative Sozialforschung. Eine Einführung, 3. Aufl., Reinbek: Rowohlt Taschenbuch Verlag.

Gehart, D. R. (2012): Mindfulness and Acceptance in Couple and Family Therapy, New York: Springer Science & Business Media.

Geißler, K. A. (1999): Vom Tempo der Welt, Freiburg im Breisgau: Herder.

Goldstein, J. (2002): One Dharma. The emerging western Buddhism, San Fran cisco: Harper.

Groys, B. (1992): Über das Neue. Versuch einer Kulturökonomie, München: Carl Hanser Verlag.

Gruber, H. (1999): Kursbuch Vipassanā. Wege und Lehrer der Einsichtsmeditation, Frankfurt a. M.: Fischer Taschenbuch Verlag.

Gunaratana, B. (2001): Mindfulness in plain English. Boston: Wisdom.

L. Heschel, *Deep Breath: Die neue Achtsamkeit einer beschleunigten Gesellschaft*, BestMasters, https://doi.org/10.1007/978-3-658-20980-3

Han, B. C. (2016): Müdigkeitsgesellschaft, Burnoutgesellschaft Hoch-Zeit, Berlin: Matthes & Seitz Berlin Verlag.

Heidenreich, T. / Michalak, J. (2013): Die »dritte Welle« der Verhaltenstherapie. Grundlagen und Praxis, Weinheim Basel: Beltz Verlag.

Kabat-Zinn, J. (1994): Wherever you go, there you are. Mindfulness meditation in everyday life, New York: Hyperion.

Kabat-Zinn, J. (2005): Coming to our senses. Healing ourselves and the world through mindfulness, New York: Hyperion.

Liebl, F. (2000): Der Schock des Neuen. Entstehung und Management von Issues und Trends, München: Gerling-Akad.-Verlag.

Link, J. (2009): Versuch über den Normalismus. Wie Normalität produziert wird, 4. Aufl., Göttingen: Vandenhoeck & Ruprecht.

Müller, A. W. (2009): Strategic Foresight. Trend und Zukunftsforschung in Unter nehmen – Instrumente, Prozesse, Fallstudien, Stuttgart: Schäffer-Poeschel Verlag.

Ott, U. (2010): Meditation für Skeptiker. Ein Neurowissenschaftler erklärt den Weg zum Selbst, München: O.W. Barth.

Puddicombe, A. (2012): Mach mal Platz im Kopf: Meditieren bringt's!, München: Droemer Knaur.

Rosa, H. (2013): Beschleunigung und Entfremdung. Entwurf einer kritischen Theorie spätmoderner Zeitlichkeit, Berlin: Suhrkamp.

Rosa, H. (2014): Beschleunigung. Die Veränderung der Zeitstrukturen in der Moderne, 10. Aufl., Frankfurt a.M.: Suhrkamp.

Rosa, H. (2016 a): Resonanz. Eine Soziologie der Weltbeziehung, Berlin: Suhrkamp.

Rust, H. (1995): Trends. Das Geschäft mit der Zukunft, Wien: Kremayr & Scheriau.

Rust, H. (1996): Trend-Forschung: Das Geschäft mit der Zukunft, Reinbek: Rowohlt.

Rust, H. (1997): Das Anti-Trendbuch. Klares Denken statt Trendgemunkel, Wien/Frankfurt: Ueberreuter.

Rust, H. (2002): Zurück zur Vernunft. Wenn Gurus, Powertrainer und Trendforscher nicht mehr weiterhelfen, Wiesbaden: Gabler.

Rust, H. (2009): Zukunftsillusionen: Kritik der Trendforschung, Wiesbaden: Springer-Verlag.

Artikel in Sammelwerken:

Grossman, P. (2004): Das Üben von Achtsamkeit: Eine einzigartige klinische Intervention für die Verhaltenswissenschaften, in: Heidenreich, T., Michalak J. (Hrsg.), Achtsamkeit und Akzeptanz in der Psychotherapie. Ein Handbuch, Tübingen: Dgvt Verlag, S. 69-101.

Iwamura, J. N. (2012): News coverage and popular press reports of the Maharishi Mahesh Yogi in the 1960, in: Winston, D. (Hrsg.), The Oxford Handbook of Religion and the American News Media, Oxford: Oxford University Press, pp. 259-173.

Kamper, D. / Wulf, C. (1987): Die Zeit, die bleibt, in: Kamper, D., Wulf, C. (Hrsg.), Die sterbende Zeit. Zwanzig Diagnosen, Darmstadt: Hermann Luchterhand Verlag, S. 7-12.

Liebl, F. (2008): Das Neue im Trend: Über Devianz, Normalisierung und Marktkreierung, in: Pridatt, B. P., Seele, P. (Hrsg.), Das Neue in Ökonomie und Management, Wiesbaden: Springer-Verlag, S. 81-98.

Luhmann, N. (1971): Sinn als Grundbegriff der Soziologie, in: Luhmann, N., Habermas, J. (Hrsg.), Theorie der Gesellschaft oder der Sozialtechnologie – Was leistet die Systemforschung?, Frankfurt a. M.: Suhrkamp, S. 25-100.

Lübbe, H. (1998): Gegenwartsschrumpfung, in: Backhaus, K., Bonus, H. (Hrsg.), Die Beschleunigungsfalle oder der Triumph der Schildkröte, 3. Aufl., Stuttgart: Schäffer/Pöschel, S. 129-164.

Meuser, M. / Nagel, U. (2002): ExpertInneninterviews – vielfach erprobt, wenig bedacht. Ein Beitrag zur qualitativen Methodendiskussion, in: Bogner, A., Littig, B., Menz, W. (Hrsg.), Das Experteninterview, Opladen: Springer-Verlag, S. 71-95.

Raub, W. / Buskens, V. (2004): Spieltheoretische Modellierungen und empirische Anwendungen in der Soziologie, in: Diekmann, A. (Hrsg.), Methoden der Sozialforschung, Sonderheft zur Kölner Zeitschrift für Soziologie und Sozialpsychologie, Wiesbaden: VS Verlag, S. 560-598.

Rose, N. / Walach, H. (2009): Die historischen Wurzeln der Achtsamkeitsmeditation - ein Exkurs in Buddhismus und christliche Mystik, in: Heidenreich, T., Michalak, J. (Hrsg.), Achtsamkeit und Akzeptanz in der Psychotherapie. Ein Handbuch, Tübingen: Dgvt Verlag, S. 27-48.

Schmidt, S. (2011): Mindfulness in east and west–is it the same?, in: Walach, H. et al. (Hrsg.), Neuroscience, consciousness and spirituality, Freiburg: Springer Netherlands, S. 23-38.

Artikel in Zeitschriften:

Ansoff, H. I. (1976): Managing Surprise and Discontinuity – Strategic Response to Weak Signals, in: Zeitschrift für betriebswirtschaftliche Forschung, Jg. 70, Nr. 28, S. 129-152.

Barinaga, M. (2003): Buddhism and neuroscience. Studying the well-trained mind, Science, vol. 302, no. 5642, pp. 44-46.

Bishop, S. R. / Lau, M. / Shapiro, S. / Carlson, L. / Anderson, N. D. / Carmody, J. (2004): Mindfulness. A proposed operational definition, Clinical Psychology: Science and Practice, vol. 11, no. 3, pp. 230-241.

Bodhi, B. (2011): What does mindfulness really mean? A canonical perspective, Contemporary Buddhism, vol. 12, no. 10, pp. 19-39.

Brown, K. W. / Ryan, R. M. (2003): The benefits of being present: Mindfulness and its role in psychological well-being, Journal of Personality and Social Psychology, vol. 84, no. 4, pp. 822-848.

Fuss, H. (2008): Wach werden für das Hier und Jetzt. Achtsamkeit macht uns lebendiger, spontaner und freier. Und zudem bleiben wir gesünder, in: Psychologie Heute, Jg. 35, Nr. 8, S. 26-29.

Grossman, P. (2015): Mindfulness: awareness informed by an embodied ethic, Mindfulness, vol. 6, no. 1, pp. 17-22.

Höhmann, I. (2017): Ruhiger werden. Taugt Achtsamkeit zur Selbstoptimierung? Ein Erfahrungsbericht aus einem achtwöchigen Kurs, in: Harvard Business manager, Jg. 38, Nr. 1, S. 40 f.

Höllinger, F. (1999): Astrologie, Yoga und Politik. New Age und politische Orientierungen bei StudentInnen, in: Soziale Welt, Jg. 50, Nr. 1, S. 51-65.

Hölzel, B. K. / Lazar, S. W. / Gard, T. / Schuman-Olivier, Z. / Vago, D. / Ott, U. (2011): How Does Mindfulness Meditation Work? Proposing Mechanisms of Action From a Conceptual and Neural Perspective, Perspectives on Psychological Science, vol. 6, no. 6, pp. 537-559.

Hülsheger, U. R. / Alberts, H. / Feinholdt, A. / Lang, J. W. B. (2013): Benefits of mindfulness at work: the role of mindfulness in emotion regulation, emotional exhaustion, and job satisfaction, Journal of Applied Psychology, vol. 98, no. 2, pp. 310-325.

Kabat-Zinn, J. (1982): An outpatient program in behavioral medicine for chronic pain patients based on the practice of mindfulness meditation. Theoretical considerations and preliminary results, General hospital psychiatry, vol. 4, no. 1, pp. 33-47.

Laudenbach, P. (2012): Glück wird überbewertet, in: brand eins, Jg. 14, Nr. 12, S. 58-62.

Lebuda, I. / Zabelina, D. L. / Karwowski, M. (2016): Mind full of ideas: A meta-analysis of the mindfulness–creativity link, Personality and Individual Differences, vol. 93, pp. 22-26.

Luders, E. / Cherbuin, N. / Gaser, C. (2016): Estimating brain age using high-resolution pattern recognition: Younger brains in long-term meditation practitioners, NeuroImage, vol. 134, no. 6, pp. 508-513.

Nilsson, H. / Kazemi, A. (2016): Reconciling and thematizing definitions of mindfulness: The big five of mindfulness, Review of General Psychology, vol. 20, no. 2, pp. 183-193.

Pickert, K. (2014): The mindful revolution. Finding peace in a stressed-out, digitally dependent culture may just be a matter of thinking differently, in: TIME magazine, vol. 96, no. 3, pp. 34-48.

Purser, R. / Loy, D. (2013): Beyond McMindfulness, Huffington post, vol. 1, no. 7, p. 13.

Ricard, M. (2010): Neurowissenschaft und Buddhismus: Wie die Meditation unser Leben verändern kann, in: Tibet & Buddhismus, Jg. 23, Nr. 93, S. 6-10.

Schmidt, S. (2014): Was ist Achtsamkeit? Herkunft, Praxis und Konzeption, in: Sucht, Jg. 60, Nr. 1, S. 13-19.

Schoemaker, P. JH. / Day, G. S. (2009): How to make sense of weak signals, MIT Sloan Management Review, vol. 50, no. 3, pp. 81-89.

Sedlmeier, P. / Eberth, J. / Schwarz, M. / Zimmermann, D. / Haarig, F. / Jaeger, S. / Kunze, S. (2012): The psychological effects of meditation: A meta-analysis, Psychological Bulletin, vol. 138, no. 6, pp. 1139-1171.

Shapiro, S. L. / Carlson, L. E. / Astin, J. A. / Freedman, B. (2006): Mechanisms of mindfulness, Journal of clinical psychology, vol. 62, no. 3, pp. 373-386.

Internetquellen:

AMRA (2016): Resources and Services – AMRA Database, [online] https://goamra.org/resources/ [17.03.2017].

Bassu, M. (2016): Aldi schaltet ersten gemeinsamen TV-Spot, [online] http://www.wuv.de/marketing/aldi_schaltet_ersten_gemeinsamen_tv_spot#sw0 [16.03.2017].

BCG (2016): Pressemitteilung. Deutschland steigt im internationalen Wohlergehensranking am stärksten auf, [online] http://www.bcg.de/media/PressReleaseDetails.aspx?id=tcm:89-212240 [05.01.2017].

Brauck, M. (2016): Hilfe gegen Stress und Burn-out. Buddhismus to, [online] http://www.spiegel.de/spiegel/burn-out-und-stress-hilfe-mit-buddhismus-to-go-a-1127395.html [05.03.2017].

Broadly (vice) (2017): Mindfulness? Eure Achtsamkeit muss man sich erstmal leisten können, [online] https://broadly.vice.com/de/article/mindfulness-eure-achtsamkeit-muss-man-sich-erstmal-leisten-knnen [02.03.2017].

Bundesministerium für Gesundheit (2016): Depression, [online] http://www.bundesgesundheitsministerium.de/themen/praevention/gesundheitsgefahren/depression.html [13.03.2017].

Chaykowski, K. (2017): Meet Headspace, The App That Made Meditation A $250 Million Business, [online] https://www.forbes.com/sites/kathleenchaykowski/2017/01/08/meet-headspace-the-app-that-made-meditation-a-250-million-business/#15fc176e1f1b [19.03.2017].

Deutsche Buddhistische Union a (o.J): Auf dieser Seite finden Sie alle wichtigen Funktionen rund um das Thema Gruppen und DBU-Mitgliedsgemeinden, [online] http://www.buddhismus-deutschland.de/gruppen-3-2/ [26.03.2017].

Deutsche Buddhistische Union b (o.J): Buddhistisches Bekenntnis, [online]: http://www.buddhismus-deutschland.de/buddhistisches-bekenntnis/ [26.03.2017].

do you read me? (2017): Clay: Contemporary Ceramic Artisans, [online] http://www.doyoureadme.de/blog/2017/02/23/20211/ [17.03.2017].

FAZ (2015): Yoga-Lehrer Kabat-Zinn. „Wir sind definitiv viel zu lange im Büro“, [online] http://www.faz.net/aktuell/beruf-chance/arbeitswelt/yoga-lehrer-kabat-zinn-ueber-smartphone-sucht-und-nichtstun-13483207-p2.html#lesermeinungen [03.03.2017].

Google Trends (2017): Suchinteresse für den Begriff „Achtsamkeit" bei Google im zeitlichen Verlauf, [online] https://trends.google.com/trends/ex plore?date=all&geo=DE&q=Achtsamkeit [16.03.2017].

Horx, M. (2016): Die Ära der Achtsamkeit: Wie wir einen fast unsichtbaren, aber spannenden Wertewandel erleben, [online] http://www.horx.com/Down loads/Die-Aera-der-Achtsamkeit.pdf [17.03.2017].

Huffington Post (2014): Mindfulness for Mind-Blowing Sex: 5 Practices, [online] http://www.huffingtonpost.com/joyce-marter-/mindfulness-for-mind blowi_b_5608649.html [26.03.2017].

Kabat-Zinn, J. (2012): Was Achtsamkeit ist. Eine Einführung in die MBSR-Praxis, [online] https://www.arbor-seminare.de/was-achtsamkeit-ist [10.01.2017].

Mindful Schools (o.J.): Learn mindfulness. Teach youth. Connect with a community of educators as we transform schools from the inside out, [online] http://www.mindfulschools.org/ [06.02.2017].

Obscura (o.J.): Obscura. The Art of Daily Life, [online] http://www.obscura-maga zine.com/en/ [05.02.2017].

Pali-Kanon a (o.J): Majjhima Nikāya Einführung Die Mittlere Sammlung, [online] http://www.palikanon.com/majjhima/zumwinkel/m000a.html [19.02.2017].

Pali-Kanon b (o.J): Das Wort des Buddha. Vierte Wahrheit, [online] http://www.palikanon.com/buddhbib/01wrtbuddhas/05wortbuddhas.htm [19.02.2017].

Pali-Kanon c (o.J): Das Wort des Buddha. 2. Rechte Gesinnung (sammā-sankappa), [online] http://www.palikanon.com/buddhbib/01wrtbuddhas/07wortbud dhas.htm [19.02.2017].

Pali-Kanon d (o.J): Satipatthana Satipatthana Begriffsbedeutung, [online] http://www.palikanon.com/diverses/satipatthana/satipatt_02.html [19.02.2017].

Pali-Kanon e (o.J): Digha-Nikaya, Mahā Vagga, Mahāsatipatthāna Sutta, [online] http://www.palikanon.com/digha/d22.htm [19.02.2017].

Pfadenhauer, M. (2004): Wie forschen Trendforscher? Zur Wissensproduktion in einer umstrittenen Branche, in: Forum Qualitative Sozialforschung, Jg. 5, Nr. 2, Art. 36, [online] http://www.qualitative-research.net/index.php/fqs/ar ticle/view/602/1306 [01.01.2017].

Rosa, H. (2016 b): Achtsamkeit und Selbstbezogenheit – Eine Kritik aus gesellschaftspolitischer Sicht, [online] https://www.y outube.com/watch?v=JEBh3lm_8dc [21.03.2017].

Schmidt, S. (2016): Achtsamkeit stellt uns anders in die Welt, [online]: https://ethik- heute.org/achtsamkeit-stellt-uns-anders-in-die-welt/ [23.03.2017].

Spiegel Online (2013): S.P.O.N. - Helden der Gegenwart. Dieses weiche, widerliche Wort, [online] http://www.spiegel.de/kultur/gesellschaft/silke-burmester-ueber-achtsamkeit-a-931333.html [02.03.2017].

Spiegel Online (2016): Achtsamkeit als Trend: „Langsamer machen reicht nicht", [online] http://www.spiegel.de/kultur/gesellschaft/resonanz-statt-beschleuni gung-hartmut-rosas-gegenentwurf-a-1082402.html [05.03.2017].

Startnext (2015): archiv/e – Ein Blog. Ein Magazin, [online] www.startnext.com/ar chivemag [19.03.2017].

Stratmann, B. (2016): „Achtsamkeit löst die Probleme nicht" – Interview mit Hartmut Rosa, [online] https://ethik-heute.org/achtsamkeit-loest-unsere-prob leme-nicht/ [24.03.2017].

Techniker Krankenkasse (2016): Entspann dich Deutschland. TK-Stressstudie 2016, [online] https://www.tk.de/centaurus/servlet/contentblob/916666/Da tei/61141/TK-Pressemappe-TK-Stressstudie-2016.pdf [01.04.2017].

TED Talks (2013): Andy Puddicombe: Zehn bewusste Minuten genügen schon, [online] https://www.youtube.com/watch?v=qzR62JJCMBQ [29.03.17].

The Mindfulness Initiative (2015): Mindful Nation UK. Report by the Mindfulness All-Party Parliamentary Group (MAPPG), [online] http://www.themindfulnessi nitiative.org.uk/images/reports/Mindfulness-APPG-Report_Mindful-Nation-UK_Oct2015.pdf [16.03.2017].

Widdicombe, L. (2015): The higher life. A mindfulness guru for the tech set, [online] http://www.newyorker.com/magazine/2015/07/06/the-higher-life [16.03.2017].

ZEIT Magazin (2015): Entschleunigung. Die Welt ist mir zu viel, [online] http://www.zeit.de/zeit-magazin/2015/01/entschleunigung-biedermeier-hand arbeit-stressabbau [02.03.2017].

Anhang 1

Leitfaden-Interview: Lothar Schwalm

1. Was ist Achtsamkeit?

- Was bedeutet Achtsamkeit für Sie?
- Welche verschiedenen Bedeutungen der Achtsamkeit kursieren momentan? Wie beurteilen Sie diese?

2. Entwicklung

- Sie schreiben auf Ihrer Website, dass Sie 2003 MBSR in Berlin etabliert haben. Wie hat sich seitdem das Thema Achtsamkeit verändert?
- Wie normal ist es heute zu meditieren? In welchen Kontexten ist es normal? In welchem Umfeld gibt man eher nicht zu, dass man meditiert?
- Welche Personen (Frau/Mann) und welchen Alters und Lebenslage werden vor allem von Achtsamkeit angesprochen?
- Hartmut Rosa kritisiert, dass Achtsamkeit von Managern oder erfolgreichen Eliten aufgesucht und praktiziert wird. Ist das so?

3. Ursachen / Religion

- Brauchen die Menschen heute – in einer beschleunigten Gesellschaft – Praktiken wie die Achtsamkeit zum Überleben? Oder wie kommt es, dass man auf 2.500 Jahre alte buddhistische Praktiken zurückgreift?
- Welche Rolle spielt Religion in dem Zusammenhang? Wird Achtsamkeit praktiziert, weil es frei von Religion ist, oder eben, weil Menschen einen modernen Ersatz für Religion brauchen?
- Welche Lehren aus dem Buddhismus sollten in der „modernen Achtsamkeit“ vermittelt werden?

4. Motive & Erwartungen

- Mit welchen Erwartungen/Motiven kommen Menschen in Achtsamkeitskurse?
- Wenn Sie 5 Hauptmotive nennen müssten, welche wären das?

L. Heschel, *Deep Breath: Die neue Achtsamkeit einer beschleunigten Gesellschaft*, BestMasters, https://doi.org/10.1007/978-3-658-20980-3

- Soziologe Hartmut Rosa kritisiert, dass Achtsamkeit selbst als Steigerungstechnik eingesetzt wird. Das heißt Menschen versuchen 20 Minuten zu praktizieren, damit sie danach umso erfolgreicher, umso schneller, umso fitter, innovativer, gesünder etc. sind. Wie ist Ihre Meinung hierzu?
- Wird die Achtsamkeit zum Teil falsch verstanden?

5. Sinn-Dimensionen der Achtsamkeit

- Ziel der Achtsamkeit ist ja besonders, die Praxis in den Alltag zu integrieren. Inwieweit schaffen das Ihre Teilnehmer nach einem 8-Wöchigen Kurs?
- In wie weit verändert sich unser…
  a) Umgang mit unseren Mitmenschen, wenn wir Achtsamkeit praktizieren?
  b) Umgang mit der Zeit, wenn wir Achtsamkeit praktizieren?
  c) Umgang mit den Dingen/Sachen, wenn wir Achtsamkeit praktizieren?

6. Trend?

Trendforscher Matthias Horx, sieht in der Achtsamkeit in Deutschland einen Megatrend – in anderen Ländern kursiert seit ein paar Jahren das Wort „McMindfulness“. Wird die Praxis der Achtsamkeit dadurch, dass es zum Trend wurde und es nun Produkte, wie Mandala Bücher zu kaufen gibt, missbraucht und ruiniert? Wenn ja, wie?

7. Zukunft

- Wie soll sich die Achtsamkeit in der Zukunft Ihren Wünschen nach entwickeln?
- Wie darf sich das Thema Ihrer Meinung nach auf keinen Fall entwickeln?
- Wie sieht die Zukunft der Achtsamkeit am wahrscheinlichsten aus?

Anhang 2

Leitfaden-Interview: Niklas Fehr [20]

1. Was ist Achtsamkeit?

- Was bedeutet Achtsamkeit für Dich?
- Inwieweit unterscheidet sich die Achtsamkeit, die Ihr mit Eurer App anbietet, mit der 2.500 Jahre alten buddhistischen Achtsamkeit?

2. Entwicklung

- Ihr habt Eure App 2014 gegründet. Wie hat sich seitdem das Thema Achtsamkeit verändert?
- Wie normal ist es heute zu meditieren? In welchen Kontexten ist es normal? In welchem Umfeld gibt man eher nicht zu, dass man meditiert?
- Ist Achtsamkeit im Trend? Seit wann?

3. Zielgruppe

- In einem Interview auf Gründerszene aus 2015 habe ich gelesen, dass Ihr vor allem die junge Zielgruppe ansprechen möchtet. Eure aktivsten Nutzer sind allerdings die 40- bis 50-Jährigen. Wie sieht Eure Zielgruppe heute aus?
- Wie ist das Verhältnis von Frauen und Männern?
- Wie häufig meditieren die meisten Eurer Nutzer?
- Wann wird die App am häufigsten verwendet?

4. Ursachen / Religion

- Welche Ursachen haben dazu geführt, dass heute mehr und mehr Menschen Yoga oder Achtsamkeit entdecken bzw. brauchen?
- Brauchen wir die Achtsamkeit zum Überleben?
- Die Menschen sind zum Teil ja auch von der Digitalisierung – ihrem Handy als ständigen Begleiter – gestresst. Manche plädieren für „Digital Detox". Wie stehst

[20] Der Gesprächspartner hat das Interview nicht für die Publikation im Springer-Gabler Verlag freigegeben, es erscheint daher nicht wie die beiden anderen Experten-Interviews im Anhang.

Du dazu? Mit Eurer App benutzen die Menschen ja gerade ihr nerviges Handy zum Meditieren…

5. Motive & Erwartungen

- Welche Erwartungen haben Eure Nutzer an die Achtsamkeit?
- Wenn Du die 5 häufigsten Erwartungen an die Meditation nennen müsstest, welche wären das?
- Soziologe Hartmut Rosa kritisiert, dass Achtsamkeit selbst als Steigerungstechnik eingesetzt wird. Das heißt Menschen versuchen 20 Minuten zu praktizieren, damit sie danach umso erfolgreicher, umso schneller, umso fitter, innovativer, gesünder etc. sind. Wie ist Deine Meinung hierzu?
- Ihr bietet ja auch Angebote für Manager an. Inwieweit verträgt sich Meditation mit der Effizienz- und Zielorientierung des Geschäftslebens?

6. Sinn-Dimensionen der Achtsamkeit

- Ziel der Achtsamkeit ist ja besonders, die Praxis in den Alltag zu integrieren. In wie weit schaffen das Eure User?
- In wie weit verändert sich unser…
  a) Umgang mit unseren Mitmenschen, wenn wir Achtsamkeit praktizieren?
  b) Umgang mit Zeit, wenn wir Achtsamkeit praktizieren?
  c) Umgang mit Dingen/Sachen, wenn wir Achtsamkeit praktizieren?

7. Zukunft

- Wie soll sich die Achtsamkeit in der Zukunft Deinen Wünschen nach entwickeln?
- Wie darf sich das Thema Deiner Meinung nach auf keinen Fall entwickeln?
- Wie sieht die Zukunft der Achtsamkeit am wahrscheinlichsten aus?

Anhang 3

Leitfaden-Interview: Mareile Braun

1. Was ist Achtsamkeit?

Jetzt sind Sie ja ganz offiziell eher „slow“ Expertin, doch habe ich gesehen, dass Sie bspw. auch Coachings machen und Trainerin für die Bereiche Stress-Management und Burnout-Prävention sind. Daher wären meine ersten Fragen:

- Inwieweit bieten Sie hier Achtsamkeitspraktiken an?
- Was bedeutet Achtsamkeit für Sie?

2. Ursachen

- Was denken Sie, warum fragen heute immer mehr Menschen Praktiken wie die Achtsamkeit, Yoga etc. an?
- Oder warum fühlen Sie sich von Zeitschriften, wie der *slow* so angesprochen? (Überforderung, Unsicherheit/Zukunftsängste, Sinnkrise?)

3. Slow/Entschleunigungs-Bewegung

- Inwieweit findet gerade ein Wandel in der Gesellschaft hin zu mehr Entschleunigung statt?
- Wird Karriere von den Menschen für nicht mehr so wichtig empfunden?
- Wenn Kariere nicht mehr auf Platz 1 steht: Welche Dinge gewinnen an Bedeutung?

4. Zielgruppe

- Sie schreiben, dass Sie urbane, erfolgreiche Frauen mit der *slow* ansprechen möchten. Verspüren Frauen aus Großstädten stärker das Gefühl, ab und an rauskommen oder sich Zuhause zurückziehen zu müssen?
- Die Zielgruppe ist auch ganz schön privilegiert, oder? Wenn ich jetzt bspw. an „Digital Detox“ denke: Es gibt Menschen, die zahlen 500€ für eine Nacht in einem Luxushotel, um am Eingang ihr Handy abgeben zu können. Andere müssen sparen, um sich überhaupt ein Smartphone leisten zu können. Dasselbe gilt

für Bio-Produkte, vegane Kleidung oder „Slow Travel", das ist ja alles ganz schön teuer…

- Wie ist das Durchschnittsalter Ihrer Zielgruppe?
- Inwieweit fühlen sich Männer von Ihrer Zeitschrift angesprochen? Was passiert Ihrer Meinung nach gerade bei den Männern? Bekennen sich vielleicht auch mehr und mehr Männer dazu, dass Sie Themen wie die Achtsamkeit spannend finden? Wie müsste man Ihrer Meinung nach die Männer ansprechen?

5. Trendlandschaft Achtsamkeit

- Welche Themen/Trends kursieren momentan um das Thema Achtsamkeit?
- Was müsste passieren, dass das Thema Achtsamkeit noch bekannter wird?

6. Zukunft

Wie denken Sie entwickelt sich das Thema Entschleunigung in Zukunft?

Anhang 4

Leitfaden-Interview: Praktizierende der Achtsamkeit

1. Einstieg

Am besten wir fangen so an, dass Du mir einfach mal ein bisschen etwas über Dich erzählst und mir z.B. erzählst, wie Du auf das Thema Achtsamkeit gekommen bist, seit wann Du ca. meditierst, wie häufig Du meditierst und wie Du Achtsamkeit anwendest.

- Wie bist Du auf das Thema Achtsamkeit aufmerksam geworden?
- Seit wann praktizierst Du die Achtsamkeits-Meditation?
- Wie viele Minuten hast Du in den letzten 2 Wochen im Stillen meditiert? (Formelle Meditation)
- Und außerhalb des Meditationskissens: Wie häufig schaffst du es dich daran zu erinnern, während der alltäglichen Aktivitäten gegenwärtig zu sein? (Formlose Praxis)
- Wie wichtig ist Dir die Achtsamkeit von 1 - 10?

2. Verständnis

Was verstehst Du unter Achtsamkeit? / Wie definierst Du Sie für Dich?

3. Auslöser & Motive

Vor XY Jahren hast Du angefangen zu meditieren.

- Was war der Auslöser?
- Was hast Du Dir von der Achtsamkeit erhofft? Welche Erwartungen hattest Du?
- Meditierst Du heute noch aus denselben Gründen? / Warum meditierst Du heute?

4. Sinn

- Auf welche Bereiche Deines Lebens wirkt es sich aus, dass Du Achtsamkeit praktizierst? Wie?
- In wie weit hat sich Dein…

  a) Umgang mit deinen Mitmenschen verändert, seitdem Du Achtsamkeit praktizierst?

  b) Umgang mit Zeit verändert, seitdem Du Achtsamkeit praktizierst?

  c) Umgang mit Dingen/ Sachen verändert, seitdem Du Achtsamkeit praktizierst?

5. Das Neue

- Was genau ist es, was Dich an der Achtsamkeit fasziniert?
- Religion: Welche Rolle spielt Religion in Deinem Leben? Wie wichtig ist es Dir, dass A. keine Religion ist? Was ist anders bei der Achtsamkeit, als bei einer Religion?
- Wissenschaft: Kennst Du wissenschaftliche Studien zum Thema Achtsamkeit? Welche? Wie wichtig ist es Dir, dass A. wissenschaftlich erwiesenermaßen hilft?
- Buddhismus: Wie empfindest Du es, dass die A. ihren Ursprung im Buddhismus hat? Interessierst Du Dich für den Buddhismus?
- Spiritualität: In wie weit interessierst Du dich für Spiritualität?

6. Normalisierungsprozess

- In wie weit erzählst Du anderen davon, dass Du meditierst?
- Wem erzählst Du davon/ Wem nicht? Warum nicht?
- Was denkst Du, was andere von Dir denken, wenn Du es erzählst?
- Wo meditierst Du normalerweise? An welchen Orten meditierst Du nicht? Warum nicht?
- Was denkst Du, denken andere Menschen über Dich, wenn Du an einem öffentlichen Ort meditierst?
- Würdest Du manchmal gerne meditieren, aber es gibt keinen geeigneten Ort? An welchen Orten wäre es schön sich für eine Meditation zurückzuziehen?

7. Zielgruppe

- Welche Angebote (Apps, Bücher, Zeitschriften, Produkte) hast Du Dir schon rund um das Thema Achtsamkeit gekauft und wie gefallen sie dir?
- An welcher Art von Veranstaltungen (MBSR Kurs, Retreat, Orte der Stille) hast Du schon teilgenommen und wie haben sie dir gefallen?
- Wie viel Geld hast Du insgesamt schon für das Thema Achtsamkeit (für Produkte und Veranstaltungen) ausgegeben?
- Würdest Du Dich gerne zum Teil noch intensiver mit dem Thema A. auseinandersetzen, aber es fehlt an coolen Angeboten? Wärst du bereit Geld dafür auszugeben, wenn Dich die Angebote mehr ansprechen würden? Wie sähe das passende Angebot für Dich aus?

8. Anschlussstellen

Welche Themen/ Trends/ Bewegungen kursieren deiner Meinung nach gerade um das Thema Achtsamkeit? Wie bewertest Du sie?

9. Szene

- Fühlst Du Dich einer Gemeinschaft/ Szene angehörig, in der über Achtsamkeit gesprochen wird oder gemeinsam praktiziert wird?
- Wenn ja: Kannst Du sie mir beschreiben? (Treffpunkt, Mitglieder, Praktik)
- Wenn nein: Fändest Du es schön in einer solchen Gemeinschaft zu sein? Würde es dir helfen besser am Ball zu bleiben?

- Wenn ja: In wie weit hast du schon einmal danach gesucht/ es ausprobiert? Woran fehlt es?
- Wenn nein: Wieso möchtest Du Achtsamkeit lieber für Dich alleine praktizieren?

10. Zukunft

- Wie soll sich die Achtsamkeit in der Zukunft Deinen Wünschen nach entwickeln?
- Wie darf sich das Thema Deiner Meinung nach auf keinen Fall entwickeln?
- Wie sieht die Zukunft der Achtsamkeit am wahrscheinlichsten aus?

Anhang 5

Experten-Interview mit Lothar Schwalm

Lisa Heschel: Könntest du vielleicht kurz noch einmal am Anfang erklären, wie du selber Achtsamkeit für dich definierst und beschreiben, welche verschiedenen Bedeutungen über die Achtsamkeit momentan kursieren?

Lothar Schwalm: Großes Thema. Also, was ich davon halte und was ich glaube was andere davon halten im Moment? Gut, also was ich davon halte. Aus dem Kontext ganz kurz wie ich dazu gekommen bin... ich labere einfach mal los. Ich habe vor vielen Jahren eben angefangen mit der Vipassana Meditation und das ist eigentlich auch so die Basis von dem, was ich weitergebe. Die Vipassana Meditation ist im buddhistischen Kontext. So habe ich das also auch geübt, also ich war da in verschiedenen Klöstern usw. und habe da viele lange Retreats gemacht und habe eigentlich so quasi klassisch in einer bestimmten Vipassana Richtung nach Sayadaw U Pandita geübt. So, und danach bin ich halt erst überhaupt mit Jon Kabat-Zinn und mit der ganzen Geschichte in Verbindung gekommen, hab das Buch auch gelesen, hab die Ausbildung gemacht. Sagen wir mal so, Achtsamkeit ist für mich – ich würde mich jetzt nicht mehr als Buddhisten bezeichnen – ich steh dem Buddhismus sehr nah, ich glaub das ist die Philosophie und die Psychologie auch die im Moment am kompatibelsten ist mit dem, was wir jetzt so erleben... Aber als Religion... Ich bin eigentlich kein religiöser Mensch mehr im Sinne von dogmatischem irgendwas. Wenn man das jetzt aus der buddhistischen Psychologie versteht, was Achtsamkeit bedeutet – „Sati" heißt das ja und die Achtsamkeitsmeditation ist „Satipatthana" – da ist Achtsamkeit eingebettet in den achtfachen Pfad und dann ist das nicht einfach ein Tool, wie es heute verstanden wird, dass ich da mal irgendwas mache. [Heute] gibt es ja auch sogar spezielle Übungen für „Pünktchen, Pünktchen". Dann hast du irgendwie Ängste und dann machst du die und die Achtsamkeitsübung und dann hast du, was weiß ich, bist du...

LH: ...willst du abnehmen und machst das und das... (Lacht)

LS: (Lacht) Ja, genau und es dauert nicht lange da gibt es achtsames Haareschneiden. Also quasi ein Spezialthema, wo man dann spezielle Achtsamkeitsübungen verlangt.

Das ist aus dem Kontext, wo ich herkomme nicht so. Sondern es ist eingebettet in eine besondere Lebensphilosophie könnte man sagen. In einer Psychologie also. Wenn ich den achtfachen Pfad als Gesamtpaket betrachte, da ist das echte Lebensweise und es ist nicht nur, dass ich da spezielle Übungen mache, um spezielle psychische Effekte irgendwie zu erreichen oder so. Es geht darüber hinaus. Der Jon Kabat-Zinn im MBSR-Programm, der hat das ja quasi kompatibel mit der westlichen Welt gemacht, könnte man sagen. Er hat es aber nicht, eigentlich auch von Anfang an nicht, er hat es nicht rausgelöst, in dem Sinne, dass er es verwässert hat, jedenfalls so wie ich ihn kennen gelernt hab, überhaupt nicht. Sondern er hat im Grunde genommen von Anfang an gesagt: „Das ist Dharma, was wir da machen." MBSR, ich weiß noch, da war ich in der ersten Ausbildungsgruppe in Deutschland, das war die erste. Wo es also überhaupt losging. Da ist der Jon Kabat-Zinn schon extra nochmal gekommen deswegen und dann haben wir ihn gefragt, ob er meint, dass wir Dharma Lehrer sind. Da gab es eine große Diskussion zwischen bestimmten Ausbildern, die sich selber als Meditationslehrer definiert haben, also Dharma Lehrer sind, nach dem Motto: „Ihr macht mal schön Stressbewältigung, das reicht." Achtsamkeitsbasierte Stressbewältigung ist es ja. Und ich habe gesagt: „Das mache ich nicht! Ich habe so lange in dem buddhistischen Kontext meditiert, ich will da jetzt nicht nur den Leuten beibringen, wie sie ruhiger Leben können." Dann haben wir den Jon Kabat-Zinn gefragt und der sagte: „Ich habe eine schlechte Botschaft für euch. Ihr seid Dharma Lehrer, ob es euch passt oder nicht." Das, was ich da den Leuten beibringe, wenn das nicht im Gesamtkontext gesehen wird, dann ist das irgendwas, aber nicht Achtsamkeit in meinem Sinne. Also insofern würde ich für mich Achtsamkeit definieren als eine Beobachterposition, die ich übe, auf allen Ebenen, also was meine innere Welt angeht, aber auch was meine äußere Welt angeht. Das wird auch leicht vergessen, dass man denkt, ich sitze dann auf einem Kissen und meditiere mal ein bisschen vor mich hin und werde dann ein bisschen ruhiger und gelassener und außenrum geht die Welt unter und das interessiert mich nicht. Das sehe ich ganz anders. Für mich ist es eher ein Teil davon, dass ich auch wacher in der äußeren Welt bin. Mein rechtes Denken ist zum Beispiel ein Teil davon. Und da kommen viele Leute, die denken, Achtsamkeitsmeditation würde bedeuten, ich soll nicht mehr denken. Solche Missverständnisse kommen im Moment auf. Das ist dann immer schwierig erst mal so den Bogen zu kriegen. Also weil die Frage ja war: „Was verstehe ich darunter und wie wird es im Moment gesehen?" Ich verstehe darunter, meine Kurzdefinition ist: Achtsamkeit ist das nicht-wertende Beobachten meiner inneren und äußeren Welt, meiner Erfahrung einfach, ohne dass ich die in gut oder schlecht bewerte. Das heißt aber nicht, dass ich die Erfahrung nicht, die Konsequenz meiner Erfahrung als heilsam oder unheilsam bewerte. Da liegt die Bewertung drin. Also ist in der Achtsamkeit eigentlich schon so eine moralische Bewertung mit drin. Das ist also auch so ein Ding heutzutage, dass man denkt das wäre so abgespalten, da könnte man irgendwie tolle psychische Effekte erreichen und es hätte nichts mit Ethik zu tun. Das heißt also, ich beobachte und erlebe, während ich es erlebe – ein teilnehmendes Beobachten, würde ich sagen – Beobachten ist eigentlich das falsche Wort, es ist ein teilnehmendes bewusstes Erleben, ohne dass ich das Erlebte als gut oder schlecht bewerte. Sondern, dass ich die Handlungskonsequenz, die aus dem Erlebten folgt, die bewerte ich als heilsam oder unheilsam. Das ist die eigentliche Bewertung und die muss folgen. Wenn ich das nicht mache, dann mache ich irgendwas, aber dann ist es so ein abgelöstes… dann kann ich auch eine Droge nehmen, also bestimmte Substanzen bringen mich da auch hin und es ist auch in Ordnung, aber da liegt keine ethische Bedeutung drin.

LH: Brauchen die Menschen in unserer heutigen Gesellschaft Praktiken wie die Achtsamkeit zum Überleben? Also das ist jetzt vielleicht sehr überzogen, aber fehlt uns vielleicht so eine Art Religion oder irgendwas an das wir uns halten können?

LS: Also Achtsamkeit ist ja keine Religion…

LH: Nein, aber weil viele ja auch sagen Achtsamkeit ist nur so erfolgreich geworden, weil es frei von jeglicher Religion ist und gleichzeitig habe ich den Eindruck, wird da ja auch viel falsch verstanden. Dass nämlich genau jene ethischen Fragen – wenn der buddhistische Ansatz außer Acht gelassen wird – verloren gehen. Das ist paradox, oder? Für die einen ist es genau wertvoll, weil es frei von Religion ist – für die anderen ist es vielleicht ein moderner Ersatz für Religion, den sie brauchen.

LS: Ja, das Problem ist glaube ich im Moment, so seit ein paar Jahren, dass eben Achtsamkeit als Begriff so verwässert wird, dass er eigentlich fast kaum noch zu benutzen ist. Also es ist sozusagen… er wird mit Inhalt gefüllt, der jedenfalls nicht dem ursprünglich buddhistischen Inhalt entspricht und auch meinem eigenen nicht. Insofern ist der Begriff an sich schon schwierig geworden. Im wissenschaftlichen Kontext, da ist der echt schwer noch zu benutzen, denn man muss überhaupt erstmal definieren, was es überhaupt noch bedeuten soll. Sonst kann man das gar nicht als

Wort benutzen. Was heißt denn Achtsamkeit? Da liegt auch ein Problem drin, weil im Moment ist es sozusagen sehr in die Breite gegangen, in den letzten paar Jahren. Dadurch sind sehr viele Leute auch auf diesen Achtsamkeits-Zug aufgesprungen und wissen aber gar nicht, was damit gemeint ist. Deswegen wird es in meinem Job in letzter Zeit… ein großer Teil liegt sozusagen darin Missverständnisse auszuräumen, um den Begriff erst mal zu definieren oder zu erarbeiten mit den Leuten. Die Leute kommen her und haben ganz komische Vorstellungen davon.

LH: Wie hat sich das Thema denn seitdem du – also 2003 hast du Achtsamkeit ja in Berlin etabliert – wie hat sich das Thema denn überhaupt seitdem entwickelt?

LS: Die letzten 15 Jahre so? Am Anfang war das so, dass der Begriff Achtsamkeit also MBSR, da wurde auch noch diskutiert am Anfang wie man das eigentlich auf Deutsch nennen soll. „Stressreduktion durch Achtsamkeit" heißt es ja oder „Achtsamkeitsbasierte Stressreduktion". Das war zu sperrig, die meistens haben dann gesagt wir nennen das „Stressbewältigung durch Achtsamkeit" und das war so der Begriff von MBSR. Damit war das schon verknüpft mit „Stress". Da war ja schon wieder das Ziel. Da ist Stress und ich will ihn bewältigen und dazu benutze ich Achtsamkeit. Das ist dieses Denken von „um zu". Ich habe sozusagen ein Tool, um „Pünktchen, Pünktchen" was zu erreichen. Das ist schon problematisch. Ich persönlich habe das von Anfang an, seit ich das mache, „Achtsamkeitstraining" genannt. Gar nichts mit „Stress". Und ich sehe das, dass die ganzen Ergebnisse die natürlich auch da sind, wie zum Beispiel Stress besser bewältigen zu können, das ist quasi der Nebeneffekt, wie der Beipackzettel der Risiken und Nebenwirkungen sind, dass ich mit Stress besser umgehen kann, dass ich eben auch gelassener werde oder, dass das Immunsystem gestärkt wird. Aber es ist nicht so, dass ich mich dahin setze und überlege: „Jetzt mach ich Achtsamkeit, damit mein Immunsystem besser wird, damit ich nicht so oft erkältet bin", oder so was. Oder, dass ich besser mit meinem Stress auf der Arbeit umgeben kann. Weil das ist das Paradoxe, das liegt in der Praxis selber. Wenn ich etwas mache, um etwas zu erreichen, bin ich ja schon wieder in der Zukunft. Wenn ich es wirklich machen will, muss ich in der Gegenwart sein. Darin steckt die Kunst. Das ist auch der Grund – glaube ich – weshalb das von Leuten, die keine Praxis haben, einfach schwer zu verstehen ist. Weil unser Denken ist immer: Ursache - Wirkung. Ich will etwas erreichen in der Zukunft. Das ist mit Achtsamkeit, wenn man es trainiert, einfach schwierig. Ich muss da das Vertrauen haben, ich muss das verstehen. Natürlich gibt es einen Effekt, aber je länger ich hinter dem Effekt herrenne, solange übe ich nicht. Das ist wie der Esel mit seiner Möhre. Solange er hinter dieser Möhre herrennt, erreicht er sie auch nicht. Das ist, glaube ich, einer der Gründe warum das im Moment so in die Breite gegangen ist, weil jeder meint eine neue Möhre vor diesen Esel hängen zu können und mit Achtsamkeit bewältigen zu können, statt mal ein tieferes Verständnis von der ganzen Sache zu kriegen. So hat sich das entwickelt. Am Anfang waren so ein paar Leutchen, die hatten Meditationspraxis und sind deswegen eingestiegen, um das irgendwie auf eine Weise präsentieren zu können, wo Leute auch angesprochen werden, die es sonst vielleicht nicht im religiösen Kontext interessiert. Und trotzdem die Tiefe der Methode. Dann spricht es sich halt rum, dass es einen positiven Effekt hat und dann kommen mehr und mehr Leute, die als Kunden – in Anführungszeichen – dahin kommen und sagen: „Ich habe die und die Probleme, jetzt gib mir mal die und die Achtsamkeitsübung, damit es besser wird!" Gleichzeitig gibt es mehr und mehr Anbieter, die genau so denken, oder die in die Ausbildungsinstitute reingehen und denken (viele Psychologen auch): „Gibt es denn eine spezielle Achtsamkeitsübung für die und die Diagnose?" Damit wird der ursprüngliche Kern der Geschichte verwässert. Das sehe ich jedenfalls so. Als ob er ein bisschen in den Hintergrund tritt, als ob dieses Machbarkeits-Denken so in den Vordergrund getreten ist die letzten Jahre, bis hin in Firmen. Wo dann auch *Google* mit „Search Inside Yourself" anfängt…

LH: … das wollte ich dich noch fragen, was du von diesem Steigerungs- bzw. Optimierungsgedanken hältst.

LS: Soweit ich weiß, hat das *Google*… *Google* das vielleicht auch gut gemeint, also ich weiß es nicht wirklich, aber wie ich es gehört habe, ist es so, dass die Leute, die das Anbieten ein Minimum an Ausbildung machen, so ein Wochenend-Workshop oder was. Dann werden dann irgendwelche Achtsamkeitstrainings angeboten für die Mitarbeiter und das scheint wirklich auf einem Niveau zu sein… das hat eigentlich nichts mit dem zu tun was ich anbiete. Das ist halt so, das wird aufgeblasen und das kennt jeder, „Search Inside Yourself" und dann wird dann schön Jon Kabat-Zinn eingeladen und der macht einen tollen Vortrag und es bleibt dann sehr auf der Oberfläche.

LH: Der Begriff „McMindfulness" ist da ja auch entstanden. Seit wann hat sich das so in Deutschland entwickelt oder jetzt speziell in Berlin? Gab es da plötzlich eine Nachfrage, sodass du dachtest: „Huch, da komm ich gar nicht mehr hinterher"?

LS: Nee, das kann ich so nicht sagen. Also, ich mach es ja schon sehr lange und am Anfang war ich halt so gut wie der einzige, da waren bisher wenige Leute hier. Aber klar die letzten Jahre hat es sich auch verändert, insofern, dass die Leute jetzt nicht speziell zu mir kommen, sondern die gucken oftmals: „Was ist denn in der Nähe?" So wie man halt ins Yogastudio geht, was halt in der Nähe ist und nicht speziell zu einer Person oder zu jemandem oder zu einer bestimmten Ausrichtung. Es gibt glaube ich in Deutschland 700 Leute im Verband, MBSR Anbieter, im Moment. Also, das ist nur im Verband und es gibt ja noch mehr. Ich weiß gar nicht, in Berlin kannte ich am Anfang alle und jetzt kenne ich halt… nur noch 50 Leute wahrscheinlich. Es ist in die Breite gegangen, es sind sehr viel mehr Anbieter und es sind auch viel mehr Leute, die das auch suchen.

LH: Was würdest du sagen, wie normal es ist heute zu meditieren? Oder gibt es Kreise, wo man jetzt doch noch irgendwie eher eine Art Fassaden-Normalität aufrecht hält? Meditiert man heute doch noch etwas versteckt?

LS: Das kommt wahrscheinlich auf die Peergroups an oder so. Also in bestimmten Kreisen ist es jetzt viel normaler geworden, auf jeden Fall. Das ist halt auch der positive Effekt von dem Trend, dass es jetzt bei manchen sogar schon „in" ist. Gerade so bestimmte Start-ups oder im Silicon-Valley. Die Silicon-Valley Leute haben alle ihre Apps, Achtsamkeits-Apps, was weiß ich, *Insighttimer* oder *Headspace* oder so und üben damit. Das ist auch okay, ich finde das gut, dass die das machen. Das muss jetzt nicht, nur weil es in die Breite geht, deswegen auch schlecht sein. Sicherlich gibt es viele, die nehmen das als „Tool für irgendwas", aber möglicherweise ist das aber auch die Eintrittskarte um tatsächlich mal tiefer zu gehen. Insofern sehe ich das jetzt nicht per se negativ, dass das jetzt auch verwässert wird. Einige werden das irgendwie sehr oberflächlich handhaben, aber es gibt dann auch Leute die haben dadurch den Zugang.

LH: Werden eher Frauen oder Männer von der Achtsamkeit angesprochen? Und gibt es typische Altersgruppen?

LS: Also bei mir sind mehr Frauen als Männer und ich vermute mal, dass das durchgängig so ist, also 2/3, 1/3, würde ich mal so vermuten. Aber auch das hängt davon ab, in welchem Kontext ich das anbiete. Wenn ich es jetzt nur in Firmen anbiete, in Bank-Kreisen oder so, kann es sein, dass es umgekehrt ist. Ich glaube im Moment ist es schon noch so, dass es eher insgesamt unterm Strich, vermute ich mal, mehr

Frauen als Männer machen. Weil es doch noch so eine Art „Soft Skill" ist und das spricht meistens, glaube ich, mehr Frauen als Männer an. Für Männer hört es sich immer noch attraktiver an zu sagen: „Heute Nachmittag habe ich keine Zeit, ich gehe ins Fitness Studio", als zu sagen: „Ich mach einen Meditationskurs."

LH: Und vom Alter her?

LS: Das ist sehr gemischt. Also da muss ich sagen, das geht auch tatsächlich dahin, dass jüngere Leute das machen.

LH: Immer mehr?

LS: Ja, würde ich jetzt schon sagen.

LH: Das hätte ich jetzt auch gedacht, aber das kann auch an meinem persönlichen Empfinden liegen.

LS: Doch, aber das ist auch ganz subjektiv bei mir. Früher hatte ich eher so das Gefühl, dass es so 40 im Durchschnitt… Ende 30 bis Mitte 50, das wäre so die große Gruppe. Jetzt sind es doch eine ganze Leute, die in den Zwanzigern oder Anfang Zwanziger sind. Ich habe auch Leute schon die 18, 19 sind, die gerade Abi machen oder so. Das war früher eher die große, große Ausnahme.

LH: Was kann das für Ursachen haben? Nicht unbedingt nur auf das Alter bezogen. Warum fragen immer mehr Leute solche Praktiken nach? Brauchen wir sowas in der Gesellschaft?

LS: Auf jeden Fall! (Lacht) Das glaube ich schon.

LH: Hat das was mit der Beschleunigung zu tun?

LS: Egal, jede Gesellschaft braucht das, aus meiner Sicht. Ich könnte mir keine Gesellschaft vorstellen, die das nicht brauchen könnte, sowas zu üben. Einfach einen klaren Geist und heilsame Entscheidungen fällen zu können. Das kann in keinem Gesellschaftssystem schlecht sein. Vielleicht gibt es Gesellschaftsformen, wenn man das so praktiziert, dass es eher nicht gewünscht wird. Weil da dann natürlich auch die Gefahr ist, dass da Leute nachdenken. (Lacht) Was jetzt zum Beispiel in Amerika passiert, ich vermute einfach mal, dass diejenigen, die Achtsamkeitspraxis praktizieren, nicht unbedingt die Trump-Wähler waren. Würde ich mal so vermuten. Wäre mal spannend so eine Studie zu machen, ich kann es mir nicht vorstellen. Und wie sich das entwickelt, wenn solche Tendenzen dann irgendwie weitergehen, das kann auch sein, dass es dann gesellschaftlich ins Abseits gestellt wird und dass es suspekt wird.

LH: Mit welchen Erwartungen oder Motiven kommen denn die Menschen in deine Kurse? Fragst du sowas ab?

LS: Ja klar, ich habe immer Vorgespräche. Die mache ich auch sehr intensiv, die dauern manchmal eine Dreiviertelstunde bis eine Stunde sogar und da frage ich natürlich erstmal die persönliche Situation und die Krankheitsgeschichte, wenn möglicherweise irgendwas ist, Stresssituationen oder psychische Situationen und die Motive auch. Was wollen die Leute?

LH: Gibt es Hauptmotive?

LS: Spannende Frage. Ich habe wirklich sehr viele Leute gefragt warum sie den Kurs machen… (überlegt)

LH: … Also bei meinem Freund stand beispielsweise die Gesundheit im Vordergrund und ich habe mich davon leiten lassen, von dieser Stressreduktion, Achtsamkeit eher als Entspannungstechnik zu sehen. Dann gibt es ja auch noch denke ich Menschen, die es als Steigerungsmethode/als Leistungssteigerung sehen…

LS: Das ist es nicht. Das ist es jedenfalls bei mir nicht und ich mache bevor ich das mache, bevor ich die Motive überhaupt abfrage, gebe ich den Leuten schon eine Art Produktinformation, dass es das auch nicht sein kann. Wenn jemand zu mir kommt und sagt: „Ich mache zu viel auf einmal und bekomme Zeitmanagement nicht hin", der Nebeneffekt mag sein, dass ich es auch besser geregelt kriege, wenn ich meditiere, aber es ist nicht vergleichbar mit einem Stressbewältigungskurs, wie Zeitmanagement, das kann man nicht vergleichen mit so etwas. Also, wenn ich sie gleich zu Anfang fragen würde: „Warum machst du den Kurs?", dann würden vielleicht Leute sagen: „Ja, ich will mit dem Stress besser umgehen." Und diese üblichen… jeder hat so sein Päckchen und er möchte das damit verbessern. Besser schlafen, weniger grübeln und so weiter. Nicht so negativ mit sich und der Welt umgehen, sich nicht so viel ärgern und die Kinder nicht so oft anbrüllen oder so was. Das sind so typische Wünsche, dass ich bestimmte Verhaltensweisen ändern will. Besser Abschalten nach der Arbeit und so ne Sachen halt. Wenn ich dann im Grunde genommen frage: „Was willst du denn wirklich in diesem Kurs?", also eine Etage tiefer einfach, dann kommen eher so antworten, wie: „Gelassener mit mir und dem Leben umgehen.“ Ganz viel Ruhe wollen die Leute, aber so eine innere Ruhe, gar nicht so, dass es ruhiger wird. Innere Zufriedenheit, also Frieden, mit sich und dem Leben und Lebendigkeit und mit sich selber besser klarkommen, sich selber besser wertschätzen zu können. Das sind eher so ganz grundsätzliche Themen und gar nicht so sehr, dass ich mit der Arbeit besser klarkomme oder die Beziehung nicht gut läuft und ich mich so viel ärgere, sondern das sind eigentlich fast durchgängig ganz grundsätzliche Wünsche und das ist auch das, um das es eigentlich geht. Wenn ich das denen vorher schon klargemacht habe, dass sie nicht erwarten können, dass ich hier diese Spezialübungen dafür gebe, dass die dann nachmittags besser abschalten können von der Arbeit. Sondern, dass es wirklich insgesamt ums Leben geht, dann ist das wie so ein Durchatmen. Dann ist es schon so: „Ja, wenn das so ist: Ruhe wäre schon schön oder Zufriedenheit mit mir und meinem Leben.“ Dann kommen diese Sachen schon.

LH: Ich glaube da ist dieser Spagat so schwer, oder? Also einerseits die Technik der Achtsamkeit zu kennen, aber andererseits sie in der Praxis oder im Alltag häufig doch nicht anwenden zu können, da dann doch der Job stresst und ich nicht gekonnt damit umgehen kann.

LS: Aber was ist denn der Stress in den Jobs?

LH: Naja, dieser ständige Termindruck und Fristen hinter denen man so hinterher läuft glaube ich, oder?

LS: Ich glaube nicht, dass das der Stress ist. Wenn ich einen sinnvollen Job habe, der mir Spaß macht, dann kann ich 70 Stunden arbeiten und den Terminkalender voll haben von morgens bis abends, 20 Termine. Wenn ich das Gefühl habe, das ist sinnvoll und genau das, was ich will, dann ist das der positive, also der Eustress könnte man sagen. Solche Leute die sehr, sehr viel gearbeitet haben und oft sehr alt geworden sind, Albert Schweitzer oder solche Leute… die haben extrem viel gearbeitet und haben sich sehr viel eingesetzt für viele Belange. Da müsste man doch eigentlich sagen: „Die hatten totalen Stress, müssten doch eigentlich einen Burnout haben.“ Waren sie aber nicht. Wenn andere Leute, die nahtlos 20 Stunden arbeiten und das völlig als sinnlos erleben, die haben einen totalen Stress und gehen auch ins Burnout, wenn sie Pech haben. Und das ist ein großer Unterschied. Und ich glaube es ist eher so, dass die Leute… (überlegt) Also ein großer Stressor ist die Unsicherheit. Das merke ich schon, dass sie damit schwer umgehen können. Also die Berufliche- und die Lebensunsicherheit. Insofern stimmt das schon, dass heutzutage die Anforderungen, also man hat halt einen Job, wo man weiß, ich geh da nach der Lehre hin und werde dann mit 65 berentet und bin dann immer noch in der Firma, das gibt es nicht mehr. Diese Unsicherheit ist fast durchgängig. Also es sind Freiberufler… allesamt auch in anderen Jobs, weiß man, man ist da eine Zeit lang und dann wechselt man oder hat gar keinen Job mehr oder wechselt den Beruf. Das ist eine Unsicherheit, die die Leute sehr stresst. Zukunftsängste. Aber das Leben ist nun einmal unsicher und sterben tue ich auch. Das ist sicher. Aber: Wie gehe ich damit um?

LH: Und dieses in die Zukunft ausgerichtet sein…

LS: …Es funktioniert halt nicht mehr. Früher konnte man wissen: „Ich arbeite noch 15 Jahre oder so und dann kriege ich die und die Rente und bis dahin mache ich noch 3 Mal Ostsee Urlaub oder irgendwas". Das war übersichtlicher, die ganze Sache. Es ist einfach heute völlig unübersichtlich und insofern ist es kein Wunder, dass es sich jetzt so in die Breite ausbreitet. Das ist eine wesentliche Kompetenz mit Unsicherheit doch umgehen zu lernen. Eben halt nicht unter Kontrolle zu haben bestimmte Dinge. Das, dann auch zu akzeptieren und dann trotzdem eine innere Ruhe zu finden und sich da nicht zu verlieren darin und das ist, glaube ich, auch einer der Gründe, warum so viele Leute Meditation suchen, weil sie merken: „Was soll ich denn machen? Ich kann diese wahnsinnig schnellen Wechsel nicht beeinflussen, da bin ich ausgeliefert." Es ist nicht nur, dass ich sterbe, sondern es gibt noch viele andere Dinge, die jetzt in der Zwischenzeit sich verändern werden, wo ich keine Kontrolle drüber habe und die auch nicht abzusehen sind. In einer einzigen Generation passieren so viele Wechsel. Da hat es früher 200 Jahre gedauert bis sich da mal was verändert hat und damit muss ein Mensch erstmal klarkommen. Ich glaube, da ist so was wie, auch Religion sicherlich oder auch die ganzen Radikalisierungen, dass die Leute irgendwas suchen, wo sie wieder Struktur reinkriegen und festhalten können. Das Schöne bei Achtsamkeit ist: Es geht eben nicht ums Festhalten, sondern eben darum „mitzusurfen"… mitzusurfen mit dieser ganzen Unsicherheit. Eine Art Geborgenheit in der Unsicherheit zu finden. Das ist halt auch das Außergewöhnliche an der Geschichte. Insofern glaube ich schon, dass es ganz gut wäre, wenn das ein paar mehr Leute machen würden. (Lacht)

LH: Wenn ich das richtig verstanden habe, geht es ja bei der Achtsamkeit vor allen Dingen darum das Ganze in den Alltag zu integrieren, also nicht nur während der Meditationsphase achtsam zu sein. Inwieweit schaffen das deine Teilnehmer nach einem 8-Wöchigen Kurs?

LS: Naja, weiß ich natürlich nicht (lacht), aber das MBSR Programm ist ja grade so angelegt, dass man von Anfang an diese Trennung von… sagen wir mal Kissen, formale Praxis und Alltag von Anfang hat. Der Übergang ist fließend. Es gibt natürlich die formale Praxis, das ist wie das Fitness Studio, wo ich dann bestimmte Muskeln trainiere. Das mache ich am besten und nachgewiesener Maßen ist es einfacher, wenn ich das in einer formalen Übung mache. Dann setze ich mich halt auf das Kissen oder mache einen Bodyscan oder sonst was. Aber den Muskel, den ich da trainiere, den habe ich dann auch zur Verfügung, wenn ich aus dem Fitness Studio rausgehe. Man sollte das nicht so trennen, wie das leider, finde ich jedenfalls in manchen buddhistischen Kontexten, noch praktiziert wird. Also bei Cuenca zum Beispiel – das ist eine bestimmte Vipassana Richtung – kenne ich Leute die warten das ganze Jahr darauf, dass die endlich mal wieder einen zehn Tage Retreat machen können und das hält dann vier Wochen an. Da sind sie halbwegs noch sortiert und dann sind sie genauso neurotisch und durcheinander wie die ganze Zeit vorher.

LH: Ja, das kann ja nicht die Lösung sein.

LS: Wenn es dann nur darum geht, dass ich mich den ganzen Tag drauf freue, dass ich mich endlich auf das Kissen setze und den Rest des Tages hat es keinen Einfluss, dann habe ich da meine Zweifel. Das ist auch glaube ich nicht im eigentlichen Sinne von der buddhistischen Geschichte, wie ich sie kennen gelernt habe… das ist halt wirklich, dass ich das als formale Übung praktiziere, um diesen Muskel, diesen geistlichen Muskel, zu trainieren, um den aber dann bitte schön auch anzuwenden im Leben, weil sonst ist es irgendwie absurd. Das finde ich halt gerade das Schöne an MBSR, dass das von Anfang an so mit rein fließt, dass es auch viele Anregungen gibt wie man da auch im Alltag was verändert.

LH: Es gibt drei Sinn-Dimensionen, nach Niklas Luhmann, einmal die soziale, die zeitliche und die sachliche Dimension. Vielleicht können wir die mal kurz durchgehen. In wie weit verändert sich unser Verhalten in unserem Miteinander, wenn wir die Achtsamkeit zum Beispiel praktizieren? Was verändert sich in unserem sozialen Kontext?

LS: Wenn ich – so wie ich Achtsamkeit definiere – da gibt es ja auch Diskussionen... ich definiere Achtsamkeit als ein freundliches Gewahrsein dessen was in mir passiert und was um mich herum passiert. Da ist in diesem Beobachten, in diesem Zeugenbewusstsein, ist eine Freundlichkeit mit drin und das ist untrennbar. Sonst ist es für mich keine Achtsamkeit. Wenn ich dieses Mitfühlende, Miterlebende von mir und auch von anderen, dass ich nicht nur, wenn wir jetzt reden, dass ich nicht nur merke, was ich mir hier ausdenke, sondern dass ich natürlich auch mitkriege, was für eine Reaktion meine Worte auch bringen. Die ich dann auch wieder in mir interpretiere, natürlich. Das hat immer diesen Geschmack von Mitgefühl mit drin und wenn das nicht drin ist, ist es für mich keine Achtsamkeit. Es gibt im Moment so eine Diskussion, ob man MSC zum Beispiel und Achtsamkeitsmeditation getrennt... also ob in MBSR zu wenig Mitgefühl drin wäre zum Beispiel. Ich finde das völlig absurd, weil in dem Moment, wo ich meinen Körper beobachte, ist es ein mitfühlendes Beobachten. Das ist doch nicht irgendein Körper, sondern das ist mein Körper, in dem lebe und darin sterbe ich auch. Wenn ich da nicht teilnehmend mitfühlend hineinspüre, dann ist es keine Achtsamkeit. Und genauso ist das im Kontext auch. Wenn ich aus dem, was ich da erlebe Handlungskonsequenzen ableite, wenn ich merke, da tut es weh oder im Kontext merke, ist das „die und die" Reaktion. Also die Konsequenz von Achtsamkeit ist, dass ich bewerte, was ich für eine Handlung ableite, nämlich eine heilsame oder unheilsame und mich für die heilsame hoffentlich entscheide, dann hat es natürlich auch eine Auswirkung auf das Miteinander, natürlich. Das kann gar nicht anders sein. Wenn es das nicht hätte, dann wäre es aus meiner Sicht keine Achtsamkeit, das muss einfach so sein, das geht gar nicht anders. Da gibt es auch Forschungen schon, die das auch nachweisen können. Der Daniel Siegel zum Beispiel mit seinem „achtsamen Gehirn". Er hat das Buch geschrieben: „Das achtsame Gehirn", da gibt es einen Vortrag den musst du dir kaufen (16 Euro oder so), das fasst das ganze Buch zusammen. Das ist total genial! Das achtsame Gehirn heißt das Buch und der hat das so schön beschrieben. Der hat auch nachgewiesen, dass die Definition von Achtsamkeit und die Definition von moralischem Verhalten und dann das Ganze noch projiziert auf das Gehirn, welche Areale sind dafür verantwortlich, dass ich moralische Entscheidungen treffe. Der präfrontale Kortex zum Beispiel. Dass, wenn ich Achtsamkeit trainiere genau diese Zentren angeregt werden, die genauso angeregt werden, wenn ich da sitze und denke: „Soll ich das machen oder nicht?", „Ist das gut für die anderen oder nicht?", und so. Dass man sogar auf der Gehirnebene nachweisen kann, dass wenn ich Achtsamkeit übe ich ein – in Anführungszeichen – „besserer Mensch“ werde, im Sinne davon, dass ich moralische und ethische Entscheidungen fälle. Das ist doch völlig klar, völlig logisch, weil wenn es bedeutet, dass ich nicht Erfahrung bewerte als gut oder schlecht, sondern Handlungskonsequenzen als heilsam oder nicht heilsam einstufe. Was heißt denn heilsam? Da muss ich gucken: Was ist dem Wohlbefinden von mir und anderen zuträglich oder eben nicht? Das ist die Frage und das ist Moral und Ethik. Wohlbefinden anderer und mein eignes im Blick zu haben und nicht nur mein eigenes. Das ist die logische Konsequenz von Achtsamkeit. Deswegen kann ich mir vorstellen, dass bestimmte Gruppierungen gar nicht wollen, dass das so ist. Ich glaube man lässt sich dann auch nicht so leicht, wenn das etabliert ist, hoffentlich nicht so leicht auf eine unethische Schiene setzen. Massenbewegung, wie die Nazis oder so. Das wäre zumindest meine Hoffnung, wenn jetzt der Wind in diese Richtung weht, dass da genug Leute sind, die sich nicht mit treiben lassen, dass sie einfach standhaft bleiben und gucken, das ist nicht richtig, Lüge ist Lüge und unethisches Verhalten ist unethisches Verhalten, egal welches Land groß sein will oder nicht. Dass man das einfach auch klar kriegt, auch wenn große Strömungen das Gegenteil behaupten. Da ist glaube ich Achtsamkeit, so wie ich das definiere, auf jeden Fall hilfreich.

LH: Und die Sinn-Dimension Zeit? Wie verändert sich unser Umgang mit Zeit, wenn wir Achtsamkeit praktizieren?

LS: Zeit? Oder mit Sinn? Mit Sinn könnte ich schon was sagen, aber mit Zeit. Wie meinst du das: Zeit?

LH: Naja, wenn wir es durch die Achtsamkeit schaffen mehr im Moment zu sein, sind wir gedanklich doch nicht auch schon immer beim Nächsten, oder? Also können wir statt immer nur in die Zukunft zu schauen, doch tatsächlich mehr die Gegenwart erleben…

LS: Das stimmt. Es gibt da einen schönen Spruch von der, ich habe den Namen vergessen, das ist die Frau, die die Hospiz Bewegung angestoßen hat. Eine Engländerin, ich weiß ihren Namen nicht mehr, ich habe das von ihr. Die hat mal gesagt, also für Leute die jetzt keine Zeit mehr haben, die jetzt im Hospiz sind und sterben, die haben ja keine Zeit, wenig Zeit, vielleicht noch einen Monat oder zwei oder vier. Die Idee von einem Hospiz ist, dass nicht das Leben verlängert wird, sondern das Leben gut gestaltet wird. Die hat gesagt, bei den Leuten die im Hospiz sind da geht es nicht darum mehr Zeit im Leben zu haben, sondern mehr Leben in der Zeit. Das finde ich eine wunderbare Zusammenfassung von dem, was Achtsamkeit eigentlich bedeutet. Es geht nicht darum mehr Zeit im Leben zu haben, sondern mehr Leben in der Zeit, die ich habe. Und wie viel Zeit ich habe, weiß ich ja nicht, aber den Moment den ich jetzt lebe, den lebe ich nun mal und dann kann ich gucken, wenn ich Achtsamkeit etabliere wie sinnvoll ich lebe und wie, in Anführungszeichen, heilsam, also was bringt dieser Moment an Möglichkeiten. Das überhaupt bedenken zu können und nicht diesen automatischen Reaktionen folgen zu müssen, wie ein Tier oder wie ein Roboter. Da ist es halt nötig, dass ich diesen Beobachterstatus einnehme. Das wäre das, was der Viktor Frankl gesagt hat: „Die Freiheit liegt in der kurzen Zeitspanne zwischen Reiz und Reaktion." Und genau das ist das, wenn ich Achtsamkeit übe. Dass ich diese Zeit habe, um heilsame Entscheidungen treffen zu können und mich nicht von meinen inneren Impulsen automatisch treiben zu lassen. Das ist halt Übungssache, das ist nicht einfach so, dass man diese Möglichkeit hat seine Wut und Ärger und alles… das hat jeder und es ist die Frage, ob ich noch ein bisschen Abstand habe, dass ich entscheiden kann welchen Impulsen ich folge oder nicht. Das hat schon eine Zeitdimension.

LH: …Und in der Sach-Dimension? Gehen wir anders mit den Dingen um?

LS: Meinst du jetzt mit der Umwelt oder irgendwie so? Ja das ist eigentlich das gleiche. Ich meine, was hat es für eine Konsequenz, wenn ich so oder so lebe?

LH: Oder: Was hat das für eine Konsequenz, wenn ich so oder so konsumiere?

LS: Das ist auch wieder so. Folge ich meinen inneren Impulsen und blende es quasi auch aus, was es für eine Konsequenz hat oder setze ich mich dem aus, diesem Unbehagen, dass ich genau weiß, dass es eben Konsequenzen hat, die jetzt vielleicht die aktuelle Bedürfnisbefriedigung einschränkt… zwar, wenn ich merke das ist jetzt nicht gut, wenn ich das mache. Es gibt mir nichts, wenn ich auf etwas verzichte, aber dafür habe ich halt die Qualität eines sinnvollen Lebens. Dass ich sage, okay ich kann auf Dinge verzichten aber ich kriege dafür Sinn, dass mein Leben sinnvoll ist und eine ethische Richtung hat vielleicht oder so. Zumindest geht es ein bisschen in diese Richtung und nicht, dass ich dann gleich ein guter Mensch wäre oder so, aber zumindest… im Gegenteil es wird manchmal schwieriger, finde ich. Ich kann mir da nicht mehr so leicht was vormachen. Es ist einfacher einfach so zu konsumieren, als zu merken was es für eine Konsequenz hat. Insofern hat es auch damit was zu tun.

LH: Was hältst du davon, jetzt nochmal generell gesprochen (wir sind gleich am Ende), dass es jetzt zu so einem Trend geworden ist? Einerseits haben wir eben gesagt, dass es auch positiv ist, weil vielleicht dadurch auch Menschen darauf kommen, die vorher nie darauf gekommen wären. Wird der Trend zum Teil vielleicht aber auch ruiniert – wenn man jetzt z.B. an „McMindfiness" denkt?

LS: Ich meine ich kenn das Wort, aber gibt es das oder ist das so ein Kunstwort?

LH: Ne, in den USA ist das wirklich so ein feststehender Begriff. Weil es jetzt so ein hohes Angebot an Mandala Büchern, Zeitschriften zu dem Thema etc. gibt. Was hältst du davon?

LS: Ach der Schwachsinn! Ja wie gesagt, also ich denke, dadurch, dass das so in die Breite gegangen ist, braucht das einfach für Leute, die das Anbieten und auch Leute, die das üben und lernen eine Vertiefung der Definition von dem, was man da eigentlich tut, also die Klarheit der Absicht und die Klarheit einer Methode. Das ist jetzt glaube ich so eine Bewegung. Das ist jetzt in die Breite gegangen und jetzt muss es auch mal wieder in die Tiefe gehen. Da bin ich eigentlich sehr vertrauensvoll, dass es funktionieren wird. Ich glaube nicht, dass es jetzt so in die Breite geht und dann versickert und dann wie so ein Trend war und das war es dann und am Ende bleiben ein paar Freaks übrig, die sowieso die ganze Zeit dabei waren und der Rest macht wieder was anderes. Dann kommt „McIrgendwas", „McYoga" oder so! (Lacht) Keine Ahnung, das glaub ich nicht, weil es einfach der Bedürfnislage der jetzigen Zeit einfach sehr entspricht. Das ist eine biologische Konsequenz. Weil im Moment, glaube ich, ist gerade so in der westlichen Welt auf jeden Fall, man könnte sagen eine Art „Sinnkrise". Wir haben eigentlich, gerade in Deutschland eine materielle Sicherheit, wie noch nie in der ganzen Geschichte. Selbst Leute, die kein Geld haben verhungern nicht oder werden sogar medizinisch behandelt. Keiner der auf der Straße umkippt, bleibt liegen und stirbt und das gab es noch nie. Eigentlich sind die materiellen Ressourcen eigentlich „hammer", im Großen und Ganzen. Natürlich: die Ungleichgewichte... das ist keine Frage. Aber wo es im Moment schwierig wird oder aus meiner Sicht: Sinn ist eine knappe Ressource. Dass Menschen eben, vielleicht auch gerade durch diese schnellen Wechsel und die Entwicklungen die gerade so sind, die Sinnfrage einfach viel mehr stellen und nicht nur fixiert sind darauf, dass sie sich selber und ihre Kinder jeden Tag was zu essen geben müssen und dafür kämpfen müssen. Sondern: Das geht schon einigermaßen. Aber für was eigentlich? Für was lebe ich eigentlich? Wie will ich leben und so? Und da, da können die, glaube ich, die etablierten Religionen nicht wirklich eine Antwort geben, das sehe ich jedenfalls so. Das ist alles Theorie und zum Teil hanebüchen was da geraten wird, ja. So eine Hirtenreligion aus... weiß ich nicht... 2.000 Jahre alt, die dann sagt... noch nicht mal die Evolutionstheorie akzeptieren kann. Der Jahwe hat dann irgendwann mal so einen Klumpen Erde gebaut. Es gab auch in der Kirche gab es, Mystiker, die wirklich ähnliche Dinge auch herausgefunden haben. Was weiß ich, Anleitungen auch wie man, wie man quasi, also tief ins Leben einsteigen kann. Auf der Erfahrungsebene. Auf der ersten Personenebene, dass ich, ich gucke in mein Leben, so zu sagen, ja. Und das ist ja in dem, in den aktuell gelebten Religionen so gut wie verschwunden. Noch nicht mal Theologen interessieren sich dafür, ja. Das ist irgendwie so ein Zweig von irgendwelchen Mystikern, aber das interessiert doch eigentlich überhaupt keinen, wirklich. Und das finde ich total schade und das sind die selber schuld, dass die auch untergehen. Und das hoff ich sehr, dass diese etablierten Religionen auf dieser Ebene langsam mal abtreten, ja. Das Einzige, was die wirklich mal an tollen Sachen gemacht haben das wird überhaupt nicht gelebt. Und da ist... auch der Buddhismus, ja, will ich auch gar nicht ausschließen, obwohl der noch am nächsten dran ist, finde ich, ja. Und da ist halt so eine Achtsamkeitsbewegung jetzt, glaub ich auch da, so eine Art „logische Konsequenz". Dass dieses Bedürfnis, diese Lücke, die da, von herkömmlichen Religionen überhaupt nicht bedient wird, die sind da wirklich auf der Erfahrungsebene nicht auf der Glaubensebene... Sondern: Glauben kann ich viel, aber was erlebe ich denn? Und das ist das, was die Leute wissen wollen. Ich möchte erleben und nicht glauben. Und, Achtsamkeit ist eine... Überhaupt der ganze Buddhismus ist eine erfahrungsbasierte Psychologie, sag ich jetzt mal. Wenn man mal nach Asien fährt, was die da zum Teil glauben, dass ist genauso hanebüchen, wie hier. Aber zumindest gibt's da einen lebendigen Zweig, ja, der angewandten Meditation, wo man Erfahrungen machen kann. Die man nicht glauben muss. Und das ist das, was die Leute wollen. Sie wollen nicht irgendwas glauben. Die wollen das erleben und ihr Leben erleben und ändern in einer positive Weise und nicht irgendwas glauben. Und das bietet Achtsamkeit.

LH: Und inwieweit gibt's denn dann – also ich glaube, dass die Menschen auch gerne in Gemeinschaft leben – in wie weit gibt's denn in der Achtsamkeit wirklich schon Orte, also wo man jetzt in der Gemeinschaft meditieren kann? Wird das genutzt in Berlin? So Meditations-Zentren?

LS: Ja, es gibt ja Zentren. Die sind aber alle eigentlich immer im buddhistischen Kontext.

LH: Ja genau. Und da sind sie umsonst und im Achtsamkeit-Kontext nicht…

LS: Ja, ja. Also das ist sehr viel auf Dharmabasis, Spendenbasis und so, klar. Das ist ja auch in der Tradition so. Und ich vermute, dass vielleicht so in zehn, ja, wer weiß, zehn zwanzig Jahren, oder so, dass die nächsten zwanzig Jahre da, dass ist jedenfalls meine, meine Hoffnung, dass sich da auf der säkularen Ebene etwas etabliert, was aber auch kein bisschen weniger an Tiefe hat. Aber trotzdem diesen säkularen Charakter hat und trotzdem es Orte gibt, wo man hingehen kann und wo es auch Orte der Begegnung gibt, ja. Also meine kühne Vision ist ja, dass also so ein Etablissement, wie dem hier, also, dass die ganzen Kneipen, die es hier gibt… nur mal so als Rumgespinne… Ja, dass das eben nicht wieder so klassisch, dass da ein Meditations-Zentrum ist und dann ist da eine buddhistische Richtung und ein buddhistischer Guru Lehrer oder sonst was, ja. Sondern dass das eher so eine Art Graswurzelrevolution wird. Ich würde eher sagen, Graswurzelevolution. Das man, dass es Leute gibt, die sagen: „Mensch ich biete einfach, ich habe Meditationserfahrung, habt ihr nicht Lust mit mir irgendwie zwei Mal im Monat – Sonntagabend oder so – zu treffen, dann machen wir das zusammen?" Und, dass das sozusagen auf diese Ebene oder das z.B. … weil ich gerade sagte, hier so eine Kneipe, wäre doch toll wenn jede, oder die meisten Kneipen so einen kleinen Raum hätten, wo man einfach hingehen könnte und es ist völlig klar, das ist ein Raum der Stille, da kann ich, da geh ich rein, meditier eine halbe Stunde und geh wieder raus, dann esse ich was, trink ich was, von mir aus auch einen Schnaps, ist doch egal. Dass das, so zu sagen, in solchen öffentlichen Räumen, normal wird. Und auch weil sie eine Form kriegt. Und eben nicht in Kirchen oder Zentren oder sonst was gemacht wird, sondern in öffentlichen Begegnungsräumen. Normale Räume der, sagen wir mal, der Stille, der Meditation, etabliert werden. Da sind wir noch ganz am Anfang. Es gibt ja so den „Raum der Stille" im, hier, am Brandenburger Tor z.B., gibt's ja schon. Aber da mussten Leute für kämpfen, dass es das gibt. Aber das ist, oder in manchen Schulen gibt's dann so Räume, oder …

LH: … In der Arbeitswelt jetzt auch langsam auch…

LS: Ja, ja! Also ich habe in einer Firma, da bin ich jetzt ein paar Mal gewesen, die haben das so etabliert, dass die wirklich, da gibt es so eine Gruppe die meditieren jeden Tag. Und das ist völlig klar. Und das wird unterstützt. Und, dass das so in öffentlichen gemeinschaftlichen Räumen da Platz findet. Das wäre doch mal was.

LH: Ja voll. Ja, das wollte ich dich nämlich fragen. Wie deine Wunschvorstellung jetzt von der Entwicklung wäre.

LS: Ja, das wäre so eine, ja, also doch. Natürlich, also das, das heißt nicht entweder oder. Es muss auch die buddhistischen Zentren geben. Ich finde es auch in Ordnung, dass so alte Formen auch gehalten werden. Da habe ich auch große Wertschätzung für. Für buddhistische Mönche, die das da machen. Die sind ja nicht doof, nur weil sie dann diese Rituale da noch machen und so, die ich jetzt nicht unterstützen würde, aber was die dann machen, ist, dass die halt eine altbewährte Form immer noch bewahren, die in der Lage ist, den Inhalt weiter zu transportieren. Und was diese säkulare Welt macht, das ist ja ein großes Ausprobieren. Und das ist immer die Gefahr, dass dann vom Inhalt was verloren geht.

LH: Säkulare Welt, kannst du nochmal sagen, was du darunter verstehst?

LS: Ja, weltlich im Sinne von nicht an Religiosität gebunden. Quasi, nicht an eine, an ein religiöses Dogma gebunden. Also, auch nicht glaubensbasiert. Also nicht, dass ich etwas glauben muss, um etwas praktizieren zu können. Ich muss gar nichts glauben. Letztendlich, aus meiner Sicht zu mindestens, war der Buddha höchstpersönlich höchst säkular. Höchst weltlich. Weil, der hat immer gesagt, eigentlich: „Du musst selber gucken. Du musst selber herausfinden." Er hat nicht gesagt: „Du glaubst es mir mal", sondern: „Guck selber in deinen Geist, probiere es selber aus." Und, insofern war er eigentlich ein Vorkämpfer des Säkularen. Das war kein Religionsstifter, eigentlich. Der war eigentlich gar nicht Buddhist, der Buddha. Ne, das war der nicht. Der war... der hat das Dharma gelehrt, aber nicht Buddhismus. So versteh ich es jedenfalls. Und das sozusagen zu erforschen, das, da kann jetzt diese Achtsamkeitsbewegung durchaus auch einen großen Beitrag irgendwie leisten, ja. Und dann auch mal Sachen auszuprobieren, die würden im Buddhismus nicht funktionieren, ja. Da käme keiner auf die Idee in einer Kneipe irgendwie so was zu machen. (Lacht) Man muss ja nicht gleich eine Kneipe nehmen, ein Café wäre ja schon mal ganz gut, eine Bäckerei!

LH: Ja, wirklich. Und wie sähe das „worst case" aus? Wie darf sich das Thema Achtsamkeit deiner Meinung nach auf keinen Fall entwickeln?

LS: „Worst case"… Hm, also sagen wir mal von dem Achtsamkeitstrend, da habe ich eigentlich kein Szenario, was „worst case" sein kann. Das wird sich von alleine quasi halten. Das Dharma hält sich selber am Leben, die Leute die das praktizieren werden das irgendwie weiter… das geht nicht anders. Wo ich eher bedenken habe, ist, dass so eine ganze Gegenbewegung… also jetzt diese ganzen nationalistischen Bewegungen und die Radikalisierungen von Leuten in jeder Hinsicht, diese Hassbewegungen auch, die da bis ins Fußballstation gehen… Das ist ja nicht nur, dass es politische Bewegungen wären. Dass der Hass sozusagen gesellschaftsfähiger wird als vorher, dass das so einen Raum einnimmt, dass das halt wieder so in so totalitäre, faschistische Strukturen irgendwie einmündet. Wenn das dann kommt, dann wird es einfach schwierig. Ich kann mir nicht vorstellen, wie wir dann unter den Umständen dann darauf reagieren können und das müssen wir aber. Das überlege ich mir auch manchmal. Was bedeutet Meditation in Zeiten von Faschismus? Was wäre, wenn ich jetzt Zeitreise und wieder in 1935 wäre oder 38 oder so. Was würde das bedeuten? Ich meine das war bisher eine theoretische Frage aber da habe ich den Eindruck, die wird möglicherweise ganz praktisch. Das wäre „worst case". Wenn Europa zerfällt und möglicherweise wieder Kriege in Europa sind, also ganz dicht, nicht nur in der Ukraine. Es ist eher so, dass im Moment halt… es gibt ja Leute die auch aus der Achtsamkeitsbewegung – wenn es sowas gibt – durchaus die richtigen Fragen stellen. Nach Moral zum Beispiel, säkularer Moral. Der Sam Harris zum Beispiel, ein Religionskritiker. Die eben nicht so platt, wie jetzt Trump oder die AfD und so sagen: „Der Islam, alles doof und so, die sollen alle raus hier, abschotten", sondern eine echte Islam Kritik und auch wirklich durchdacht und mit Mitgefühl zu gucken. Die dann aber trotzdem ehrlich ist und sich da nichts vormacht. Eine Kritik, die alle Religionen mal unter die Lupe nimmt, um dann zu gucken: Wie können wir ethisch leben, ohne dass wir immer wieder das gleiche machen? Der eine ist der und der andere ist Christ und der andere ein Kommunist. Das hat alles nicht funktioniert. Ob es eine Ethik gibt, die auf sowas wie achtsamkeitsbasierte, innere Erfahrungen und Logik basieren kann. Wissenschaftlichkeit, wo wir sagen wir müssen anders miteinander umgehen. Wenn diese Stimmen Oberhand gewinnen oder zumindest mitsprechen, dann habe ich noch Hoffnung, aber wenn die vielleicht irgendwann mal unterdrückt werden, weil sie einfach sagen: „Das ist heidnisch", oder so, und: „Das wird bekämpft." Das war ja immer so. Oder: „Das kommt auf den Scheiterhaufen." In welcher Form auch immer: dann sehe ich schwarz. Dann wird das wieder untertauchen und dann gibt es

Faschismus und dann gibt es wieder so was wie den Stalinismus und Heil Hitler und so. Da kannst du viel meditieren und da kannst du nicht überleben wahrscheinlich, weiß ich nicht, keine Ahnung. Und das sehe ich mittlerweile, seit ein paar Monaten, als ein realistisches Szenario.

LH: Das macht Angst, ne?

LS: Ja. Einerseits schon, auf der anderen Seite sterben tun wir sowieso. Das ist eine neue Aufgabe jetzt. Also hätte ich nicht gedacht. Dass ist das, was mich eher umtreibt, dass ich denke: „Ja gut und was heißt das denn für mich jetzt? Wie gehe ich damit um?" Das ist auch eine Folge von er ganzen Geschichte. Ich glaube, Leute die jetzt meditieren, die können sich nicht einfach hinsetzen und weiter meditieren und sagen: „Okay das wird schon gut gehen." Das wäre glaube ich die falsche Konsequenz.

LH: Ja. Das Stimmt.

LS: Wollen wir mal hoffen, dass es gut geht.

LH: Ja! Okay, ja vielen Dank!

LS: Gerne, gerne!

Anhang 6

Experten-Interview mit Mareile Braun

Lisa Heschel: Ich beschäftige mich in meiner Masterarbeit mit dem Thema Achtsamkeit. Mein Studiengang heißt „Gesellschafts- und Wirtschaftskommunikation", das heißt ich untersuche das Phänomen aus einer eher soziokulturellen, statt psychologischen Perspektive. Meine übergeordnete Fragestellung lautet bspw.: „Wie wird Achtsamkeit in der Öffentlichkeit thematisiert?" Jetzt sind Sie ja ganz offiziell eher „slow" Expertin, doch habe ich gesehen, dass Sie bspw. auch Coachings machen und Trainerin für die Bereiche Stress-Management und Burnout-Prävention sind. Daher wäre meine erste Frage: Inwieweit wenden Sie dort Praktiken wie die Achtsamkeit an oder was bedeutet Achtsamkeit für Sie?

Mareile Braun: Sie haben es ja schon richtig gesagt. Ich bin insofern keine Achtsamkeitsforscherin oder Expertin, als dass ich das wissenschaftlich erhoben analysiert oder studiert hätte. Ich bin wenn man so will eine Praktizierende und durch meine verschiedenen beruflichen Zweige mit Achtsamkeit in Verbindung kommende Person. Die Coachinggeschichte hat sich als Plan B parallel zum Journalismus entwickelt. Ich bin 25 Jahre in dem Bereich tätig. Ich habe Verlagskauffrau gelernt, dann voluntiert bei den verschiedensten Redaktionen und war 20 Jahre lang festangestellt. Ich habe mich 2008 selbständig gemacht und verschiedene Zeitschriften für Verlage entwickelt. Als eines dieser Magazine nicht dauerhaft die Marktreife erlangte, habe ich mich entschieden einen beruflichen Plan B zu gehen. Da habe ich hier in Hamburg eine Trainerausbildung gemacht. Dann holte mich das Projekt *slow* wieder ein und traf mich an einem Punkt, wo die beiden Themen gut zusammenpassten: Ein neues Magazinkonzept für einen nachhaltigen, bewussten Lifestyle. Wir sehen uns als ein Lifestylemagazin, das den Konsum nicht verneint oder womöglich verteufelt, sondern für ein neues Bewusstsein und eine neue Form des Genusses plädiert. Auf der *slow* heißt es jetzt: [Am Anfang hatten wir den Subclaim: „Mehr Zeit für's Wesentliche". Das ist bei uns immer noch in den Köpfen, also das, was bei der Themenrecherche und bei allem was wir an Gedanken und Ideen ins Heft fließen lassen, gegenübersteht. Sich zu fragen: „Was ist das Wesentliche und was ist das Wesentliche für die Leute?"] Wir haben jetzt aber etwas geändert, um es konkreter zu verankern, dass es darum geht runterzukommen, zu genießen und einfach zu leben. Wobei man dieses „einfach leben" sowohl im ersten als auch im zweiten Teil betonen kann. Es geht um's einfache Leben und um einfach zu leben. Und das ist was wir unter der angewandten Achtsamkeit im Alltag auch verstehen. Es geht darum einfach zu leben: Genussvoll runterzukommen von allem, was in einem sehr komplexen Leben auch natürlich in einem durch Digitalisierung und allem was daran hängt sehr aufregenden und aufgeregten Leben – gerade für junge Leute – runterzukommen, sich auf Dinge zu besinnen, für sich überhaupt erstmal herauszufinden: „Was könnte für mich das Wesentliche im Leben sein? Was macht es lohnenswert und füllt es mit Sinn? Was füllt es für mich mit Freude?" Und das sind Geschichten, die – wie wir hoffen auf inspirierende Weise – in *slow* thematisieren. Wir wollen vermeiden dogmatisch zu sein, den Zeigefinger zu erheben oder restriktiv Empfehlungen auszusprechen, sondern es soll ein Magazin sein, das einerseits auf jeden Fall entspannt, aber auch auf gedankliche Reisen mitnimmt. Das tun wir, indem wir Menschen vorstellen, die ungewöhnliche Wege gehen, sich was trauen, die auch mal den Mut haben statt das viel zitierte „FOMO" (Fear Of Missing Out), das „JOMO" (Joy Of Missing Out), die Freude etwas bewusst zu verpassen, anstreben. Es fühlt sich unheimlich gut an bestimmte Dinge auch mal auszulassen und nicht mitzumachen. Nicht zu sagen, dass ich ALLES in meinem individuellen Lebensplan habe. Um die Brücke zum Coaching zu schlagen, das ist mein neuestes Projekt: Ich mache pferdegestützte Coachings. Mit einem absolut natürlichen Wesen ist man unmittelbar in Kontakt mit der Natur und das bringt einen mit sich selbst wieder in Kontakt. Das ist etwas, was ich dem Menschen mit dem Pferd als dankbaren Co-Coach nahebringen will. Das ist was Coachings immer wollen, das aber oft schwerfällt, wenn man es sehr kognitiv in einem theoretischen Kontext versucht. Es ist unheimlich schön so etwas mit einem Lebewesen zu erleben, das einem die Augen öffnet und was einem tatsächlich auch dieses Momenthafte und dieses Situative (was es ja immer ist, wenn es darum geht neue Erkenntnisse über sich zu erlangen) sehr beeindruckend nahebringt. So schließt sich bei mir immer wieder der Kreis zwischen dem, was ich recherchiere und was mir bei der Arbeit für das Magazin begegnet. Ich komme dabei in Kontakt mit neuer Literatur, neuen Studien und Strömungen, was ich in den Coachingalltag transferiere. Es macht sich bemerkbar, dass die ganz wesentlichen Themen der Leute immer die gleichen sind. Man versucht sein Leben auf eine für sich persönlich befriedigende, aber auch auf eine gesellschaftlich verträgliche Art und Weise zu gestalten. Das ist eine Strömung, die ich stark merke. Zum Beispiel heißt das, dass die Leute beim Thema „Food" auf eine verantwortungsbewusste, aber nicht komplett asketische Ernährungsweise achten. Die Strömung zwischen Veganer sein, aber doch ein Bedürfnis für Fleisch zu haben [...], sind total präsente Themen. Diese beschäftigen auch über eine ganz persönlich-individuelle, hedonistische Empfindung dahingehend, dass man sich Gedanken um die Umwelt macht und eine Ethik im Umgang mit Tieren und anderen Menschen entwickelt.

LH: Was man schon herausgehört hat, ist, dass für Sie Achtsamkeit eine Praktik ist, die man vor allem im Alltag integriert. Dass es eben nicht bedeutet, mich einmal am Tag auf ein Kissen zu setzen und zu meditieren, sondern eigentlich normale Dinge, wie bewusste Ernährung etc., im Alltag zu integrieren, oder?

MB: Ja, stimmt. Ich meine, wenn man als Außenstehender mit einem gesunden Halbwissen über Achtsamkeit nachdenkt oder wiedergeben sollte, worum es dabei geht, dann fallen einem diese Dinge immer zuerst ein. Jeden Tag einmal den Blick auf eine Wiese richten und innehalten, sich auf das Meditationskissen niedersenken, Yoga machen. Das ist alles nicht falsch, das kann jeder machen, wie er denkt. Für den einen ist es vielleicht die Wiese und die Tiere, für den anderen mag es was anderes sein. Ich glaube, dass es etwas ist, das in dem Moment gut funktioniert, wo man aus diesem Status der Selbstverordnung zu einer selbstgewählten Alltagsroutine kommt. Für viele Menschen klingt das erstmal sehr künstlich: „Jeden Tag Meditation! Um Gottes Willen, noch ein Termin!" Dass man es aber in bestimmten Situationen, die man z.B. als stressig, anstrengend oder fordernd empfindet, einbauen kann und so aus einer vermeintlich negativen Situation etwas für sich Positives machen kann, das ist sozusagen ein „mindset-switch", eine Veränderung der persönlichen, inneren Haltung, die einem sehr helfen kann. Das sind die Punkte, bei denen ich denke, dass es für die Menschen ein Impuls und ein bisschen eine Anleitung, damit man versteht, was man selber ändern kann. Denn der Reflex ist meistens, dass das „Außen" – wie die Umwelt, der Chef, die Kollegen – als zu viel empfunden wird und die persönlichen Möglichkeiten als zu wenig. Ich neige selbst dazu immer zu viel zu machen, weil mir einfach so viele Sachen auf einmal Spaß machen. Es ist gar nicht so, dass ich müsste, aber es ist selbst gewählt so viel. Ich kann dem inzwischen am besten begegnen, indem ich mir für bestimmte Handlungen und Situationen am Tag – und da bin ich dogmatisch – ganz konsequent Zeiträume nehme. Weil ich weiß, dass es eine Grundlage für alles andere ist, was mir ansonsten gleich über den Kopf wachsen könnte.

Deswegen, finde ich, darf man eine achtsame Haltung oder Lebenseinstellung auch nicht verwechseln mit kompletter Planlosigkeit: Sich immer nur von A nach B treiben lassen, alles immer auf sich zukommen lassen, total tiefenentspannt, aber nicht verankert umherdriften… Persönlich glaube ich, dass das nicht funktioniert, weil das zu alltagsfern ist. Keiner der Menschen, die ich kenne oder die mir begegnen [...], führt ein Leben, das komplett selbstbestimmt ist, dabei aber auf sicherem finanziellen Boden steht. Irgendwas treibt einen immer um, irgendwas sorgt einen immer, irgendwas ist dran, was einen nicht erfreut. Damit umgehen lernen, heißt sich selbst in der Pflicht und dem, was einem gut tut [...], so weit zu organisieren und konsequent mit einer gewissen Disziplin für sich anzuwenden, weil man sonst schnell verlorengeht, in dem was an einem zehrt [...].

LH: Würden Sie das auch als Ursachen sehen, dass so viele Dinge, wie z.B. die Beschleunigung dazu führt, dass wir Praktiken, wie die Achtsamkeit oder Yoga stärker brauchen? Sind wir überfordert oder ist es eher leichte Unsicherheit oder verspüren die Menschen heute häufiger eine Sinnsuche?

MB: Ich glaube das ist alles richtig, was Sie sagen. Bei dem einen mehr, bei dem anderen weniger. Bei dem einen mag das eine mehr ausgeprägt sein als das andere. Ich glaube die Grundstimmung, wenn man auf die Gesellschaft schaut oder die politische Weltlage, ist Verunsicherung. Ein ganz großes Thema. Damit geht auch Rückzug… nicht nur ins Private einher. Die Leute sind schon interessiert, aber sie haben auch menschliches Überlebens-Bedürfnis für sich Sicherheiten zu schaffen und Situationen zu schaffen, in denen sie gut funktionieren, gut leben und ihren Aufgaben nachkommen können, aber in denen sie auch Freude genießen und mit anderen zusammen sein können. Yoga, und da schließe ich mich mit ein, ist eine Form der Konzentration auf sich selbst und der Beschäftigung mit sich selbst, die aber den Kontakt zu einem größeren Ganzen gleichzeitig mit sich bringt.

LH: Nicht nur das Innere…

MB: Dass das Innere und das Äußere. Also mein Körper der Tempel, als Raum und als Motor all dessen, was ich bewegen kann, aber auch all dessen, was mich im Inneren bewegt, was mich vielleicht auch aus der Balance bringt, was mich verunsichert bis hin zu krank macht. Das in einen Einklang zu bringen und auch mit anderen Menschen zu teilen, das ist glaube ich für viele Leute wichtig. Deswegen ist das auch nicht irgendeine Trendsportart, wie andere Sachen der letzten 10-15 Jahre [...], sondern das ist eine Geisteshaltung, die das Resultat aus einer bestimmten persönlichen, aber auch gesellschaftlichen Bestimmung ist. Und das ist extrem! Das hat eine Dimension erreicht, die keiner dem Ganzen zugetraut hätte [...] und die ihren Höhepunkt noch gar nicht erreicht hat. Eine ganze Tourismus- und Wellbeing-Industrie bildet sich genau dort herum und das ist einfach ein Resultat eines veränderten Lebensgefühls.

LH: Wenn wir jetzt auf die Zielgruppe eingehen: Sie schreiben, dass *slow* vor allem urbane, erfolgreiche Frauen anspricht. Wie kann ich das verstehen: Verspüren vor allem Frauen aus Großstädten das Gefühl mal herauszukommen oder sich ein bisschen zu erden, weil alles so schnell ist oder weil sie es trendiger umsetzen?

MB: Sagen wir mal so: Ich denke, dass die Frau in der Großstadt per se schneller auf bestimmte Trends und Strömungen, also auch Magazine, aufmerksam wird. Ich glaube aber auch, dass das Bedürfnis einer jungen Frau, die vielleicht mit Familie auf dem Land lebt, so etwas zu lesen oder für sich Lebensentwürfe Anderer anzuschauen eher etwas geringer ist. Ähnlich der Leserschaft der *Landlust*, die lustigerweise nicht Landbevölkerung ist, sondern die es eigentlich herbeisehnen. [...] Es hat etwas Modellhaftes. Die Großstadt verlangt einem mehr ab oder andere Dinge ab, als es ein eher ländlich zurückgezogenes Leben tut. Viele haben lange Jahre in der Stadt gelebt und sichern sich dann irgendwann eher eine Existenz am Stadtrand oder sogar außerhalb, weil bestimmte Dinge eine höhere Priorität bekommen haben. Unsere Leserschaft bei *slow* ist relativ breit aufgestellt – von Anfang 20-Jährige bis bestimmt Ende 40-Jährige, die das lesen und dem unterschiedliches abgewinnen können. Für mich aus der Coaching Ecke ist interessant zu beobachten, [weil ich mich auch mit der Generation-Y mit ihren Sehnsüchten und Lebensentwürfen beschäftigt habe], dass vieles von dem, was wir, die Generation 40+, schon mit Familie oder gewissem Karrierestatus erreicht haben, heute schon von Anfang 20-jährigen für sich proklamiert oder als Lebensqualität empfunden wird. Möglicherweise weil die Elterngeneration den Burnout schon hinter sich hat, oder weil sie einfach auch gesehen haben, dass bestimmte Stati oder Karrieren vielleicht nicht in der Weise erstrebenswert sind, wie man vor etwa 20 Jahren gedacht hat. Das ist eine Sache, bei der ich sehe, dass diese Klammer viel größer geworden ist und das kein Phänomen einer Generation ist. Es geht um eine bestimmte Haltung; unter anderem eine Konsumhaltung: Was möchte ich kaufen? Wie möchte ich mich ernähren? Wie möchte ich mich kleiden?

Wie möchte ich wohnen? Die Haltung ist nicht mehr nur eine Frage von Alter, Status und finanzieller Situation, sondern es haben sich andere Haltungen und Meinungen gebildet, die jeder, wie er kann und mag, unterschiedlich interpretiert.

LH: Das führt mich zur nächsten Frage. Ich muss von mir selber sagen, dass das komplett zutrifft. Andere Dinge gewinnen an Bedeutung. Trotzdem denke ich, ist es ganz schön privilegiert. Stichwort: „Digital Detox". Es gibt Leute, die hohe Summen zahlen, um in einem Hotel zu schlafen, bei dem sie am Eingang ihr Handy abgeben. Andere mussten dafür sparen überhaupt ein Smartphone zu kaufen. Sehr privilegiert… Sehen Sie das auch so?

MB: Ja, natürlich. Da das Ganze eine neue Industrie ist, die sich immer um größere Phänomene bildet, ist es klar, dass es in Spitzen auch Blüten treibt, wo „Normal-Sterbliche" und auch besser Verdienende trotzdem nicht mitspielen. Zum Beispiel innerhalb eines nachhaltigeren, bewussteren Tourismus' gibt es immer wieder Luxusphänomene [...]. Etwa wenn man sich in ein Kloster zurückzieht, in dem es der größte Luxus ist, keinen Handyempfang zu haben und ansonsten auf höchstem Niveau asketisch zu leben. Ich glaube aber, dass man das nicht überbewerten oder pauschalieren darf. Es ist nicht per se ein Luxus. Es ist eine freie Entscheidung und jeder wird im Rahmen seiner Möglichkeiten diese Entscheidung treffen. Wenn ich ein Top-Manager bin und mir nicht anders zu helfen weiß, als in ein Luxushotel zu gehen und mich dort zur Entschleunigung und „Digital Detox" zwingen zu lassen, dann entspricht das sozusagen meinem sonstigen Lifestyle. [...] Wir bei *slow* sind ein guter Querschnitt in der Redaktion: Von 20-jähriger WG-Bewohnerin, über mich, als auf dem Land lebende zweifache Mutter bis hin zur 50+ Single-Frau in der Großstadt. Und jeder wird die Entscheidung so treffen, wie es für ihn sinnvoll ist und jeder kann das auch tun. Niemand sagt mir: „Du musst oder du kannst nur in diesem Entwurf deiner Entschleunigung folgen!" Ich kann das auch ganz anders tun: Mein Handy einfach mal einen Tag ausmachen. Nur da hin zu kommen und das zu „schaffen" [und nicht FOMO zu erleiden] ist, wo die vielen, vielen Coaches ansetzen, die ja auch ein Trendphänomen sind. Das ist ja auch eine interessante Frage: Warum gibt es da plötzlich so viel und warum gibt es da plötzlich so viel Bedürfnis? Weil der Mensch gleichzeitig größter Freund und Feind ist und sich selbst gern im Weg steht und seine inneren Saboteure oft laut werden und ihn von Dingen abhalten, die vermeintlich ganz einfach sind. Da etwas zu schaffen, bei dem man selber sagt: „Es kann nur einer was ändern und das bin ich, aber wie denn bloß?" Die ersten Schritte zu schaffen und das stückweise anzugehen, um nicht vor einem Riesenhindernis zu stehen, also einem Weg der vielen kleinen Schritte, was sowohl für die Achtsamkeit als auch den „selbstanerzogenem Unsinn“ gilt, ist immer wieder ein großes Thema bei uns. Weniger ist mehr. Ich stoße immer öfter auf Kalenderweisheiten, bei denen ich lachen muss und denke: „Ja, das hatte ich damals auch schon in meinem Poesiealbum so stehen… Es gibt nichts gutes, außer man tut es.“, aber es ist so. Jetzt hat man oft das Gefühl, dass es total wahr ist und einfach klingt, aber in Wahrheit sehr schwer ist. Wie tun? Wer oder was hilft? Und solange es noch genügend Fragen gibt, gibt es noch genügend Themen zum Aufschreiben und genügend Coachingansätze.

LH: Und würden Sie sagen der Gegentrend ist viel größer? Wenn man sich vorstellt, wie die Leserin oder der Leser aussieht, die/der das komplette Gegenteil von der *slow* lesen würde: Wie sähe die aus?

MB: Naja. Es wäre schön, wenn die *slow* die Auflage der *Bild der Frau* hätte und nicht ein kleines Nischenmagazin wäre, was wir aber sind. Ich behaupte mal ganz selbstbewusst, dass es mit allen Trends immer so ist: Sie beginnen klein, in einer Nische, werden von einer Elite vorangetrieben und dann werden sie hoffentlich irgendwann ein Massenphänomen. Bestimmte Dinge werden sich festigen und auch festigen müssen. Andere Ausprägungen werden vielleicht wieder verschwinden, wie es das in jeder Bewegung gibt. Nichtsdestotrotz würde ich sagen, sind wir einerseits ein Trendmagazin, andererseits auch nicht. Weil dem Wort Trend immer eine Flüchtigkeit und Vergänglichkeit innewohnt und ich denke, dass eine bestimmte Entwicklung, die auf gesellschaftlichen Tatsachen basiert oder einfach auf bestimmten menschlichen Entwicklungsphänomenen nichts ist, was wieder verschwinden wird. Natürlich wird es sich weiterentwickeln und wenn nichts sicher ist, dann ist immer alles möglich in alle Richtungen. Klar ist auch, dass alles was anders und unbequemer ist, uns also abverlangt aus gelernten Verhaltensmustern und der schlimmen Komfortzone zu bewegen, seine Zeit braucht. Es ist sehr schwer diesen kleinen Kampf, den man mit sich und anderen austragen muss, durchzuhalten. Wir haben im nächsten Heft einen sehr schönen Text dazu. Es gibt ja zahlreiche, sehr belesene und sehr profund wissenschaftlich arbeitende Menschen, die sich mit dem Phänomen auseinandersetzen. Also wie tatsächlich gesellschaftlicher Wandel nachhaltig zu erreichen ist und was z.B. an Gesetzesänderungen geschehen müsste, um bestimmte Veränderungen nicht dem Zufall zu überlassen, sondern herbeizuführen. Weil vieles, was dem aufgeklärten, lernwilligen Endverbraucher überlassen ist, wieder im guten Willen versandet und dann doch nicht geschieht.

LH: Haben Sie da einen speziellen Literaturtipp für mich?

MB: Ja das habe ich. Und zwar hat Dr. Maja Göpel, Nachhaltigkeitsexpertin, etwas für die nächste Ausgabe geschrieben. Sie ist die Leiterin des Berliner Büros des Wuppertal-Instituts – eine sehr schlaue und sehr tolle Frau. Ich habe sie mal auf einem Symposium in Berlin gehört und sie hat ein Buch mit dem Titel „The great mindshift" geschrieben. Da können Sie sich mal einen Moment vertiefen. Im nächsten Heft hat sie eine kleine Zusammenfassung, warum uns das eigentlich so schwerfällt, warum wir das in der Theorie längst durchdrungen haben, das alles ganz klar vor Augen haben und warum es uns im Alltag so wahnsinnig schwerfällt das auch zu leben. Das ist auf jeden Fall ein Tipp.

LH: Klasse, vielen Dank! Nun sind wir auch am Ende des Gesprächs. Viel, lieben Dank dafür!

MB: Sehr gerne!

10612775R00109

Printed in Germany
by Amazon Distribution
GmbH, Leipzig